本书为华东师范大学精品教材建设专项基金资助项目

国际中文教育创新项目（21YH004CX6）阶段性成果

中国成语文化与运用

文娟 编著

上海大学出版社

图书在版编目（CIP）数据

中国成语文化与运用 / 文娟编著. -- 上海：上海大学出版社，2022.12
ISBN 978-7-5671-4600-6

Ⅰ. ①中… Ⅱ. ①文… Ⅲ. ①汉语－成语－对外汉语教学－教材 Ⅳ. ①H195.4

中国版本图书馆CIP数据核字（2022）第257754号

策划编辑　农雪玲
责任编辑　农雪玲
封面设计　倪天辰
版面设计　柯国富
插图绘制　王乙宁
技术编辑　金　鑫　钱宇坤

中国成语文化与运用
文　娟　编著
上海大学出版社出版发行
（上海市上大路99号　邮政编码 200444）
（https://www.shupress.cn　发行热线 021-66135112）
出版人　戴骏豪
*
句容市排印厂印刷　各地新华书店经销
开本　710mm×1000mm 1/16　印张 15　字数 300 千
2022年12月第一版　2022年12月第一次印刷
ISBN 978-7-5671-4600-6/H·409　　定价: 68.00 元

版权所有　侵权必究
如发现本书有印装质量问题请与印刷厂质量科联系
联系电话：0511-87871135

本科生语言与文化系列教材（国际学生用）
总　序

"智慧的创获、品性的陶熔、民族与社会的发展"是华东师范大学首任校长孟宪承先生提出的办学理念，也是我们今天卓越人才培养所秉承的座右铭。2020年11月3日发布的《新文科建设宣言》提出要"构建世界水平、中国特色的文科人才培养体系"，我认为这其中也包括要构建具有中国特色的国际学生人才培养体系，培养卓越国际学生是国际中文教育的办学目标。

随着改革开放以来的高速发展，中国在世界舞台上扮演着越来越重要的角色。古老中华的魅力、现代中国的活力和无限未来的可能，吸引着越来越多的国际学生来华留学。来华留学已不再仅仅是短期的浸濡，而是接受学历教育，攻读学士、硕士、博士学位。据中国教育部统计，2018年共有来自196个国家和地区的492185名各类留学人员在全国31个省（区、市）的1004所高等院校学习，接受学历教育的留学生总计258122人，约占留学人员总数的52%，其中本科生约占67%(173060人)，硕、博士研究生约占33%(85062人)。学历生首次超过语言生，这是一个标志性的转折，是改革开放至今的第一次转变（甚至是新中国成立以来的第一次），它意味着国际学生学习专业门类扩大和学历层次大幅度提高。

新时期的国际中文教育已经发生了巨大变化，人类社会的快速发展与变革，以及庞大的来华国际学生群体对人才培养和教学提出了更高要求。教材是教学的立身之本，是"传道、授业、解惑"的基础，也是学科建设的重要组成部分。再高明的演奏家如果没有乐器，再英勇的战士如果没有兵器，就真的如同巧妇难为无米之炊一般，因此教材建设事关重大，尤其是用于国际学生的教材建设。一直以来，国际学生学历教育的质量颇受诟病，原因之一就是缺乏系统的、高质量的,乃至精品的教材。

华东师范大学国际汉语文化学院有着多年国际学生学历教育的历史和丰富的教学经验,编写过多种用于国际学生学历教育的优质教材,这次适时推出的"本科生语言与文化系列教材(国际学生用)"可以说是许多教师智慧与创新的结晶。这套系列教材主要包括两类且是开放的,一类是语言与语言教学,例如《国际汉语词汇》《国际汉语语法》《国际汉语教学概论》《国际汉语教学法》等,另一类是文化文学教学,例如《中国成语文化与运用》《上海城市文化》《中国物质文化》《中国现当代文学导读》等。其中有些教材已经获得"华东师范大学精品教材建设专项基金"资助,颇有特色,例如《中国成语文化与运用》(文娟)、《上海城市文化》(华霄颖)、《国际汉语词汇》(高艳)、《国际汉语教学概论》(陶健敏),其他许多也在申请和计划申请专项基金过程中。

这个系列的语言与文化教材不是汉语作为二语学习的基础语言技能(听、说、读、写)训练教材,而是用于(本科)专业学习的。关于语言学习,其实有3种不同的含义:①学习语言(to learn the language,听、说、读、写、译的语言技能);②学习有关语言的知识(to learn about the language,了解和掌握某种语言的规则系统等);③通过语言学习(别的东西)(to learn through the language)。进入本科阶段学习的国际学生,理论上讲应该是已经掌握或者说基本掌握了汉语听、说、读、写、译的语言技能(即上述的①),进而能够用汉语学习本专业的知识和技能了(即上述的③,至于②,一部分是在学习①的时候接触到了,但作为系统的专业内容来学习,则是进入汉语言或汉语国际教育本科专业后进行的,比如关于汉语词汇、语法和语用的知识等)。当然随着专业学习的深入,对语言技能的要求也愈来愈高,比如学生需要大量阅读和深入理解语言、文学文化专业的文献,用汉语进行学术和学位论文的写作等。以往,有些院校的国际学生进入本科专业学习的门槛较低,学生甚至还需要花大量时间和课程去提高基础汉语能力,这非常不利于专业的学习。新颁布的《国际中文教育中文水平等级标准》,作为国家语言文字规范(GF 0025—2021)会促使这种情况的改变,专业内容主要是通过汉语来学习和掌握的。

语言本身就是文化，是文化的标示，同时它又是文化的载体。语言的承载和语言的使用无一不反映文化的产物（物态文化）、制度（制度文化）、行为（行为文化）和观念（心态文化），这种"同现"使得语言教学与文化教学相辅相成。比如成语（这套系列教材中就有《中国成语文化与运用》），它不仅仅反映了传统文化知识（如历史典故等），还体现了中国人千百年来为人处世的价值观和对自然与人类社会的认识；成语教学不光是要让学习者理解成语的内涵，还要让他们能在现实的交际与交流中恰当得体地运用，这是语言、是文化，更是思想。

古人云"文以载道""文以明道""以文化人"，若喻成今天的教材，可知其重要性。讲好中国故事、传播好中国声音、阐释好中国特色、展示好中国形象，没有好的教材是不行的。

2020年华东师范大学国际汉语文化学院的汉语国际教育本科专业入选"国家级一流本科专业建设点"（中国学生、国际学生），2021年学院的汉语言本科专业（国际学生）入选"国家级一流本科专业建设点"，一个学院有两个本科专业进入"国家级一流本科专业建设点"，这极大地鼓舞了教师们编写出更好更精的教材的热情。东风化雨，相信我们终会培养出更多知华友华的卓越人才，只要我们努力！

是为序。

吴勇毅
2022年11月9日于沪上苏堤春晓

前　言

2008年，笔者在韩国江原大学中文系任教期间曾负责给高年级的本科生讲授"小说汉语"与"高级汉语写作"，在这两门课程的教学过程中发现，虽然学生学习了不少成语，但是具体运用的时候却经常会出现一些错误。除了母语负迁移的影响之外，与他们未能完全了解成语的文化内涵、缺乏相关语境的成语运用训练有着较大关系。基于此，笔者回沪之后，遂为所任教的国际汉语文化学院国际本科生开设了一门成语课，主要讲授成语文化与成语运用，希望能帮助修读该课程的学生灵活掌握成语，并在潜移默化中了解中国文化知识，这也成为本教材编写的初衷。

《中国成语文化与运用》是"本科生语言与文化系列教材（国际学生用）"之一，以提升学生的成语运用能力与汉语水平，培养对中国文化底蕴的认知为核心目标。书稿从2009年起历经10余年的教学实践，已有300多名来自世界各地的国际本科学生使用。此次出版，在课程书稿的基础上，根据教学反思和学生反馈进行了调整补充。

教材分为7章，每一节可以作为1个教学单元。第1章成语概述通过具体例子，阐明成语来源、特点与运用原则，使学生对成语形成整体认识；第2—7章选择较能体现中国文化或者中国人价值观的成语，将其分为不同系列，配合相应的插图，通过"成语释义""用法示例""运用练习"3个板块，对每个成语进行逐一讲解与操练，注重中国文化的潜移默化，注重词义类似的成语对比，注重实际运用中成语的融入，引导学生将语言学习与文化学习相结合、将成语运用与日常生活相结合，并能进一步展开跨文化比较辨析的思考。

此外，每一节末尾的"中国文化知识"涵盖传统思想、传统建筑、传统医学、传统绘画等15个方面，便于学生在课后阅读，拓展关于中国文化的知识面；每一章末尾的"本章成语练习"以及最后的总测试卷，可供学生在不同阶段进行测试；《〈国际中文教育中文水平等级标准〉成语运用示例》则梳理了四级到九级中出现的300多个成语，有利于学习者将成语学习与等级标准的要求结合起来，为进一步了解并掌握更多成语奠定基础。

目 录

第一章　成语概述 ································· 1
一、成语来源 ································· 1
二、成语特点 ································· 3
三、成语运用原则 ······························· 4
四、问题思考 ································· 6

第二章　意蕴丰富的社会习俗 ·························· 7
第一节　情缘与喜庆 ····························· 7
　　一、门当户对　二、结发夫妻　三、琴瑟和谐
　　四、举案齐眉　五、洞房花烛　六、觥筹交错

中国文化知识（一）中国朝代变迁 ···················· 16

第二节　人生与风采 ····························· 18
　　一、弄璋之喜/弄瓦之喜　二、玉树临风　三、貌比潘安
　　四、掌上明珠　五、兰心蕙质　六、倾国倾城

中国文化知识（二）中国传统思想 ···················· 27

第三节　成长与荣耀 ····························· 28

一、童言无忌　二、青梅竹马　三、龟年鹤寿
四、未卜先知　五、三生有幸　六、蓬荜生辉

中国文化知识（三）中国古代青铜器…………………………… 37

本章成语练习…………………………………………………… 38

第三章　富于启迪的历史典故…………………………… 39

第一节　君王与诸侯…………………………………………… 39
一、卧薪尝胆　二、一鼓作气　三、破釜沉舟
四、四面楚歌　五、三顾茅庐　六、望梅止渴

中国文化知识（四）中国地域文化…………………………… 51

第二节　文臣与武将…………………………………………… 52
一、老马识途　二、完璧归赵　三、负荆请罪
四、悬梁刺股　五、闻鸡起舞　六、杯弓蛇影

中国文化知识（五）中国传统建筑…………………………… 63

第三节　谋士与文人…………………………………………… 64
一、狡兔三窟/高枕无忧　二、毛遂自荐/脱颖而出
三、江郎才尽　四、磨杵成针　五、胸有成竹

中国文化知识（六）中国传统医学…………………………… 73

本章成语练习…………………………………………………… 74

第四章　含义深刻的寓言故事…………………………… 75

第一节　与物品相关的譬喻 …………………………………… 75
一、拔苗助长　二、刻舟求剑　三、买椟还珠
四、南辕北辙　五、掩耳盗铃　六、自相矛盾

中国文化知识（七）中国传统绘画…………………………… 85

第二节　与人物相关的譬喻…………………………………… 86
一、东施效颦　二、邯郸学步　三、杞人忧天

四、塞翁失马　五、愚公移山　六、郑人买履

中国文化知识（八）中国传统诗歌·················· 97

第三节　与动物相关的譬喻·························· 98

一、对牛弹琴　二、画蛇添足　三、黔驴技穷

四、守株待兔　五、亡羊补牢　六、鹬蚌相争

中国文化知识（九）中国传统戏曲·················· 108

本章成语练习···································· 109

第五章　充满幻想的奇妙传说·················· 111

第一节　远古时代的神话·························· 111

一、沧海桑田　二、开天辟地　三、夸父逐日

四、精卫填海　五、女娲补天　六、月里嫦娥

中国文化知识（十）中国书法······················ 121

第二节　民间故事的想象·························· 122

一、八仙过海　二、火眼金睛　三、牛郎织女

四、松乔之寿　五、天衣无缝　六、月下老人

中国文化知识（十一）中国旗袍···················· 131

本章成语练习···································· 132

第六章　带有贬斥的隐喻表达·················· 133

第一节　以物喻······························ 133

一、暗箭伤人　二、呆若木鸡　三、井底之蛙

四、口蜜腹剑　五、狼狈为奸　六、鱼目混珠

中国文化知识（十二）中国菜系···················· 143

第二节　以事指······························ 144

一、东窗事发　二、滥竽充数　三、南柯一梦

四、夜郎自大　五、朝三暮四　六、指鹿为马

中国文化知识（十三）中国酒 …………………………………… 153
本章成语练习 …………………………………………………… 154

第七章　洋溢赞美的语言妙喻 ………………………………… 155

第一节　品性与智慧 ……………………………………………… 155
　　一、不耻下问　二、刮目相看　三、老当益壮
　　四、如鱼得水　五、雪中送炭　六、一鸣惊人
中国文化知识（十四）中国茶 …………………………………… 165
第二节　本领与才能 ……………………………………………… 166
　　一、百步穿杨　二、才高八斗　三、画龙点睛
　　四、口若悬河　五、神机妙算　六、一字千金
中国文化知识（十五）二十四节气 ……………………………… 177
本章成语练习 …………………………………………………… 177

各章练习答案 ………………………………………………………… 179

总测试卷 ……………………………………………………………… 188

总测试卷答案 ………………………………………………………… 192

《国际中文教育中文水平等级标准》成语释义及运用示例 … 194

第一章　成语概述

成语是人们长期以来习用的、形式简洁而且意思精辟、结构比较固定的词组或短句，它比词的含义更丰富，而语法功能又相当于词。成语大多由4个字组成，也有少数成语字数较多，中间用逗号隔开，例如"千里之行，始于足下""一叶障目，不见泰山"；有些成语可从字面上来理解，例如"后来居上""小题大做"等；也有一些成语则必须知道来源或典故才能了解它的意思，例如"杯弓蛇影""叶公好龙"等。

一、成语来源

成语来源广泛，与社会历史、文学艺术、宗教哲学、民族语言、现实生活等方面都存在联系，表现出不同层次的文化积淀，可以从不同层面对其进行划分。

（一）源于古代书面语

（1）古代寓言。例如"杞人忧天"出自《列子·天瑞》："杞国有人忧天地崩坠，身亡所寄，废寝食者。"意思是：杞国有一个人担忧天会塌下来地会陷下去，自己无处存身，整天睡不好觉吃不下饭。比喻不必要的忧虑。

（2）历史典故。例如"纸上谈兵"出自《史记·廉颇蔺相如列传》的记载，赵国将军赵奢的儿子赵括非常善于谈论战争计谋，后来他做了将军，却只知道根据兵书来打仗，不知道变通，结果被秦军大败。比喻空谈理论，不能解决实际问题。

纸上谈兵

（3）神话传说。例如"鸡犬升天"出自汉代王充《论衡·道虚》："王遂得道，举家升天，畜产皆仙，犬吠于天上，鸡鸣于云中。此言仙药有余，犬鸡食之，并随王而升天也。"意思是：淮南王于是得道成仙，全家升天，连家中的禽兽都成了仙，狗在天上叫，鸡在云中啼。这是说仙药有多余，狗和鸡吃了，都一起随淮南王升天。现在用来比喻一个人得势之后，和他有关系的人也跟随着发迹。

（4）古书中的名言摘录或节缩。例如"学而不厌"出自《论语·述而》："默而识之，学而不厌，诲人不倦，何有于我哉？"意思是：将知识默记在心，勤奋学习没有满足的时候，教导别人也不感到疲倦，这些事情我做到了哪些呢？形容非常好学。

（二）源于古代口语

这类成语大部分先在口语中广泛使用，然后才逐渐被吸收进入书面。源于口语的成语一般都比较通俗、生动、形象。例如：欢天喜地，形容非常高兴的样子；量体裁衣，按照身材裁剪衣服，比喻按照实际情况办事；一干二净，形容一点儿也不剩。

（三）源于近现代书面语

随着社会的发展，成语也在不断产生、演变，有的成语就来自近现代书面语，例如"古为今用""一穷二白"等，它们的意思一般通过字面意义就能了解，不过，这部分成语相对较少。根据四川辞书出版社1985年出版的《汉语成语词典》统计，其中所收入的 10158 条成语中，从古代相沿至今的成语占 90% 以上，没有语源和用例的占 5.8%，近现代用例的仅占 3.7% 而已。

（四）源于外来语

（1）根据佛经音译或者改写而成。例如"阿鼻地狱"出自《法华经·法师功德品》："下至阿鼻地狱。""阿鼻"就是梵语的音译，意译为"无间"，意思是痛苦无有间断。这个成语常用来比喻黑暗的社会或者严酷的牢狱，也用来比喻无法摆脱的痛苦。

（2）由其他国家文学作品中的故事归纳而成。例如"火中取栗"出自 17 世纪法国寓言诗人拉·封丹的寓言《猴子与猫》，猴子骗猫取火中栗子，栗子让猴子吃了，猫脚上的毛却被烧掉了。比喻受人利用，冒险出力却一无所得。

火中取栗

总体而言，成语基本上是古代的产物，也有一些是在近现代新出现的；大部分从书面语中产生，也有部分由人民群众的口头语言形成；绝大多数土生土长自中国，也有少量来自外来语。

二、成语特点

（一）结构固定不变

大部分成语的结构都固定不变，也就是说结构成分和结构关系不能随意更改或变动。例如"流离失所"不能说成"失所流离"，"丰衣足食"不能说成"丰衣饱食"，"南腔北调"不能改为"东腔西调"，"狼狈为奸"不能扩展为"狼狈而为奸"。

（二）意义完整独立

某些成语的意思并非其构成成分意义的简单相加，而是以整体来表达特定含义。例如"废寝忘食"，表面意思是顾不上睡觉，忘记了吃饭，实际含义是比喻极为专心努力；"怒发冲冠"，表面的意思是头发竖起来，顶着帽子，实际含义是比喻非常愤怒。

有些成语的构成成分与其本来所指的意思不同，不能仅仅从字面理解。例如"高山流水"，不是高山上的流水，而是一首曲子的名字。传说先秦时琴师俞伯牙有一次在山林中弹琴，樵夫钟子期听了之后领会到琴声"峨峨兮若泰山"和"洋洋兮若江河"；俞伯牙非常惊讶地说："子之心而与吾心同。"后人就用"高山流水"来比喻知己或知音，也形容音乐优美。

高山流水

（三）多由四字构成

安丽卿《成语的结构和语音特征》一书对成语进行了定量分析，根据该书的统计，《汉语成语词典》（甘肃师范大学编写）共收录成语5446条，而四字成语就达5077条之多，占总数的93.22%。由此可见，成语的基本形式是四字格。其中有的四字成语具有前后对称的特点，例如：茶余饭后、万水千山、花前月下、眉开眼笑；有的四字成语通过重言组合，体现出语音和谐的韵律美，例如：唯唯诺诺、兢兢业业、浩浩荡荡、浑浑噩噩、沾沾自喜、娓娓动听、信誓旦旦、小心翼翼。

三、成语运用原则

（一）弄清字义

有些成语，理解其中的关键字对于正确掌握成语很重要，只有弄清关键字的意思才能为准确运用提供保证。例如"万籁俱寂",其中"籁"就是理解这个成语意思的关键所在。"籁"指的是从孔穴发出的声音,"万籁"用来泛指自然界的风声、水声、鸟鸣等各种声响。因此,这个成语的意思是自然界的各种声响完全都没有,形容周围环境非常安静。

(二)了解来源

有的成语出自历史典故,了解它的来源,就更容易理解它的意思,为准确运用奠定基础。例如"风声鹤唳"表面的意思是风的呼声和鹤的叫声,但实际上是用这个成语来形容惊慌失措或自相惊扰,其中就包含淝水之战的历史典故:东晋的时候,中国北方政权前秦首领苻坚带着大军攻打南方,东晋丞相谢安在淝水趁前秦军队还没集合好,迅速派兵偷袭。前秦的士兵到处逃命,听到风声或鹤鸣,都以为是晋军要打来了,心中非常害怕。

风声鹤唳

(三)关注变化

有的成语词义或者感情色彩在历史演变过程中发了变化,注意这些变化也是准确运用需要注意的一个方面。例如"朝三暮四"本来的意思是玩弄一些小手段来骗人,现在用来比喻做决定、做选择或者做事情的时候立场不坚定,反复无常。又如"明哲保身"原为褒义词,指深明事理的人善于保全自己,在现代汉语中转变为贬义,指怕犯错误、得罪人或者为保持权位而违背原则。

(四)留心字形和读音

有的成语所使用的汉字并不常用,又与某些常用汉字的字形很相似,因此,就需要在正确理解成语意思的基础上，准确掌握其中容易混淆的汉字。例如成语"病入膏肓"出自《左传·成公十年》："疾不可为也。在肓之上，膏之下，攻之不可，达之不及，药不至焉，不可为也。"其中"肓"指的是心脏与膈膜之间，"膏"指的是心尖脂肪，"病入膏肓"用来形容病情十分严重，无法医治，也比喻事情到了无可挽回的地步。如果不了解成语的意思，其中的"肓"就特别容易与"盲"混淆。

四、问题思考

1. 写出下列源于古代书面语的成语的拼音和各自的比喻义。

　　（1）杞人忧天（　　　　　）_____。

　　（2）纸上谈兵（　　　　　）_____。

　　（3）鸡犬升天（　　　　　）_____。

　　（4）学而不厌（　　　　　）_____。

2. 判断下列成语是否正确，如果错误，请写出正确的成语。

　　（1）失所流离（　）_____

　　（2）丰衣饱食（　）_____

　　（3）东腔西调（　）_____

　　（4）狼狈而为奸（　）_____

　　（5）病入膏盲（　）_____

3. 判断下列的说法是否正确。

　　（1）汉语成语全部由四个字构成，没有其他的形式。（　）

　　（2）"欢天喜地"形容非常高兴的样子。（　）

　　（3）"火中取栗"来源于中国古代历史故事。（　）

　　（4）"高山流水"用来比喻一个地方的风景非常优美，有高高的山也有流动的水。（　）

　　（5）"万籁俱寂"中"籁"的意思是从孔穴中发出的声音。（　）

　　（6）"风声鹤唳"用来形容非常安静，能听到风的声音和鹤的鸣叫。（　）

　　（7）"明哲保身"古代是贬义词，现代汉语中转变为了褒义词。（　）

第二章　意蕴丰富的社会习俗

第一节　情缘与喜庆

门当户对　结发夫妻　琴瑟和谐　举案齐眉　洞房花烛　觥筹交错

一、门当户对（mén dāng hù duì）

（一）成语释义

门当：大宅门前的一对石鼓或类似鼓的石头，圆形或者方形。因为鼓声洪亮威严，所以人们相信在宅门前面放一对石鼓可以避邪。户对：安装在门楣上的石雕或木雕。户对个数不同，主人身份也不同，例如普通百姓家只有2个户对，三品官员到一品官员家可以有4—8个。

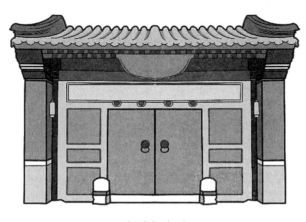

门当与户对

中国古代宅院里"门当"和"户对"同时出现,除了有镇宅以及装饰的作用,还是主人身份、地位、家境的重要标志。后来门当户对就成了社会观念中男女恋爱与结婚时衡量双方条件的常用语,形容男女双方的社会地位、经济条件、文化程度、家庭背景等方面都差不多,在一起非常适合。

(二) 用法示例

1. 听说新郎和新娘的父母都在同一个部门工作,他们两人也算是门当户对了。

2. 他们两人的家境虽然天差地别,但是他们打破了门当户对的观念走到了一起,如今生活十分美满幸福。

3. 在过去的封建时代,男女婚嫁十分看重门当户对,根本没有婚姻自由。

4. 父母对女儿找到这样一个门当户对的男朋友非常满意。

(三) 运用练习

1. 判断下列句子中"门当户对"的使用是否正确。

(1) 他是我门当户对的好朋友,所以我一直很信任他。( )

(2) 他和他的妻子都是门当户对的人。( )

(3) 这真的是一桩门当户对的亲事。( )

(4) 同学们都是门当户对的,应该互相关心。( )

(5) 传统社会中,门当户对的观念影响很大。( )

2. 使用"门当户对"完成下列句子。

(1) 随着时代与社会的发展,关于爱情的很多理念也在变化,但是人们在择偶过程中,_____。

(2) 不瞒你说,现在不少年轻人找男朋友或女朋友的时候,还是非常重视对方家庭背景的,也就是说,_____并不容易。

(3) 谈婚论嫁的时候,_____,但是如果只以这一条作为衡量标准,就太不可取了。

(4) 有些人受老观念影响,在子女婚恋问题上总是_____,对子女的感情之路造成了阻碍。

（5）他认为＿＿＿＿＿＿＿＿＿＿＿＿，夫妻之间最重要的是有共同语言。

（6）尽管＿＿＿＿＿＿＿＿＿＿＿＿，但双方父母还是坚持认为必须签署婚前协议，万一双方离婚，可以避免财产纠纷。

3. 门当户对中的"门当"和"户对"分别是什么意思？你认为男女谈恋爱尤其是结婚的时候，门当户对重要吗？请说说你的理由。

＿＿＿＿＿＿＿＿＿＿＿＿＿＿＿＿＿＿＿＿＿＿＿＿＿＿＿＿＿＿＿

二、结发夫妻（jié fà fū qī）

（一）成语释义

在中国古代，不论男女都要蓄留长发，"结发"即束发，意思是将头发盘起。宋代的婚礼仪式上，新郎和新娘要各取一束头发合梳一起，表示永远相爱，永不分离，这也称为"结发"。

结发夫妻指的是年轻的时候结成的夫妻，现在多用来指原配夫妻。一般而言，"结发夫妻"更多强调感情，"原配夫妻"更侧重于在大家庭中的地位。

中国人对于每个年龄段有着特别的说法。男子到20岁时要行"冠礼"，即把头发盘成发髻，再戴上冠（帽子），表示成年了，因此，男子20岁也称"弱冠"。女子到15岁时要行"笄礼"，即把头发盘成发髻，再插上簪子，表示长大成人了，因此，女子15岁也叫"及笄"。30岁称为"而立"，40岁称为"不惑"，50岁称为"半百"，60岁称为"花甲"，70称为"古稀"，80岁称为"杖朝"；90岁称为"鲐背"；100岁称为"期颐"。

冠礼（左）与笄礼（右）

（二）用法示例

1. 50年来，这对结发夫妻无论是逆境还是顺境，无论是贫穷还是富有，都始终相亲相爱。

2. 最近很火的一部电视剧中，由两位"老戏骨"扮演结发夫妻。

3. 他们是结发夫妻，风风雨雨一起走过，现在还像年轻的时候那样恩爱。

（三）运用练习

1. 判断下句列子中"结发夫妻"的使用是否正确。

（1）他和妻子结婚之后，就成了一对结发夫妻。（　）

（2）这对结发夫妻幸福恩爱的样子，真是让人羡慕。（　）

（3）他生意成功后就抛弃了自己的结发夫妻。（　）

（4）已经是几十年的结发夫妻了，何必为了一点小事吵成这样？（　）

2. 使用"结发夫妻"完成下列句子。

（1）_____，共同打拼20多年，才创下了如今令人羡慕的家业。

（2）他们结婚至今已有40年，一直十分恩爱，_____。

（3）这部小说描写_____，让人感慨万千。

（4）他在妻子去世10周年的时候写了一首悼亡诗，_____。

3. "结发夫妻"中的"结发"是什么意思？宋代婚礼仪式上的结发有什么象征意义？

_____

三、琴瑟和谐（qín sè hé xié）

（一）成语释义

琴七弦，瑟二十五弦，多由梧桐木制作而成。古代宫廷演奏雅乐的时候，瑟与琴经常同时演奏，它们是雅乐时期弦乐器的典型代表，合奏的时候声音和谐，美妙动听，成为礼乐社会中不可替代的重要乐器。

琴瑟和谐的意思是：琴与瑟合奏的时候声音非常和谐，用来比喻夫妻关系和谐而且非常亲密。

 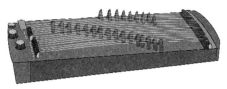

琴（左）与瑟（右）

（二）用法示例

1. 结婚几十年来，夫妻两人琴瑟和谐，从未红过脸。

2. 这位钢琴家与妻子在晚会上四手联弹《茉莉花》，他们琴瑟和谐的样子令人羡慕。

3. 我认识这对夫妻已经十几年了，他们一直过着琴瑟和谐的生活。

4. 两个人一见钟情并不重要，最重要的是结婚之后能琴瑟和谐地过日子。

（三）运用练习

1. 判断下列句子中"琴瑟和谐"的使用是否正确。

（1）他们有两个孩子，儿女双全，一家人过着琴瑟和谐的生活。（ ）

（2）他和太太在生活和工作上都配合得非常好，是琴瑟和谐的两个人。

（ ）

（3）我不想再和你吵架了，让我们一起琴瑟和谐一下吧。（ ）

（4）这对夫妻结婚十几年了，一直琴瑟和谐，很少有争吵。（ ）

2. 使用"琴瑟和谐"完成下列句子。

（1）今天是我父母结婚30年纪念日，多年来_____。

（2）这么多年来，他们相知相爱，_____，携手奏出了一曲爱的乐章。

（3）两位新人给双方父母敬酒的时候，新娘的父亲说_____
_____。

（4）这对夫妻_____，美满的婚姻生活也为两人一起创业提供了动力。

3. 你是否还知道其他含有乐器的成语？请举一例，并说一说它的意思。
_____

四、举案齐眉（jǔ àn qí méi）

（一）成语释义

汉朝时孟光和丈夫梁鸿结婚后，抛弃了孟家的富裕生活，靠梁鸿帮别人打短工生活。每次孟光去送饭，都将放着饭菜的食案举得跟眉毛一样高，送到丈夫面前；梁鸿也总是非常有礼貌地用双手接过来。

举：举起。案：食案，用来装碟子的托盘或者用餐者用来放自己餐具的小茶几。齐眉：和眉毛一样高。举案齐眉的意思是：送饭时把托盘举得跟眉毛一样高。后来用这个成语来形容夫妻之间相互尊敬，有礼貌而且平等，也可以使用"举案齐眉，相敬如宾"。

举案齐眉（左）与古代各种食案（右）

（二）用法示例

1. 在几十年的婚姻生活中，她的父母一直举案齐眉，大小事情都互相商量。
2. 谈起夫妻之间的相处之道最重要的一点，这两位老人都认为是举案齐眉，尊重对方的意见。
3. 我家对门的邻居是一对举案齐眉的模范夫妻。
4. 很多女性都憧憬着结婚之后能过上与丈夫举案齐眉的生活。

（三）运用练习

1. 判断下列句子中"举案齐眉"的使用是否正确。

（1）结婚以后，她一直对她的丈夫举案齐眉。（　）

（2）这对夫妻互相非常尊敬，一起成了举案齐眉。（　）

（3）我的父亲与母亲在生活中总是互相举案齐眉。（　）

（4）他们两人都是大学教授，婚后举案齐眉，是模范夫妻。（　）

（5）她非常希望将来能找到一个举案齐眉的丈夫。（　）

2. 选择填空。

举案齐眉　结发夫妻　门当户对　琴瑟和谐

（1）新婚之后，小两口甜甜蜜蜜，_____，真是令人羡慕的一对。

（2）这对夫妻结婚20多年，一直_____。

（3）半个世纪以来，这对_____的_____，从未红过脸。

（4）夫妻之间就应该_____，互相平等对待。

3. 对于"举案齐眉，相敬如宾"的夫妻相处模式，你有什么看法？
_____

五、洞房花烛（dòng fáng huā zhú）

（一）成语释义

洞房：深邃的内室，多指结婚时候的新房。花烛：彩色的蜡烛，多为红色而且装饰着图案。"洞房花烛"常常用来形容婚礼的情景，而"洞房花烛夜"指的是新婚第一天晚上。《四喜》用4句诗总结了中国古代文人人生中4件特别值得高兴的事情："久旱逢甘雨，他乡遇故知。洞房花烛夜，金榜题名时。"

花烛

（二）用法示例

1. 鲜艳的红玫瑰将洞房花烛的喜悦衬托得更加热烈。

2. 10年前洞房花烛的情景，现在想起来好像就发生在昨天一样。

3. 他们在洞房花烛的那一天约定，要相亲相爱走过一辈子。

（三）运用练习

1. 判断下列句子中"洞房花烛"的使用是否正确。

（1）今天下班之后，我要去参加好朋友的洞房花烛。（　）

（2）清代有几位皇帝与皇后都在坤宁宫度过洞房花烛的夜晚。（　）

（3）这个洞房花烛的新郎真是帅气。（　）

（4）在五星级酒店举办洞房花烛的婚礼，花的钱确实太多了。（　）

2. 使用括号中的词语完成下列句子。

某天晚上，一位警察婚礼刚结束，正在小区门口送别亲友，突然听到路上有人喊"抓劫匪"。这位身为警察的新郎快跑上前，将摩托车上一名嫌疑人拽了下来，当场抓获。在场的人_____（赞扬　洞房花烛）。

六、觥筹交错（gōng chóu jiāo cuò）

（一）成语释义

觥：古代一种盛酒的器具，腹部椭圆型，盖子上有提梁，底有圈足，多为兽头形盖。筹：又名酒算，最初用来计算喝酒的数量，后来引申为行酒令时使用的筹码，酒筹由竹木、金属、象牙等不同材质制作。

觥（左）与筹（右）

觥筹交错的意思是：酒杯和酒筹杂乱地放着，形容许多人聚会喝酒时的热闹场景。宋代欧阳修在《醉翁亭记》中说："射者中，奕者胜，觥筹交错，坐起而喧哗者，众宾欢也。"

酒是宴席中重要的助兴元素之一，中国自古以来就有"无酒不欢""无酒不成席"的说法，各地宴席上都少不了酒。不少中国古代艺术家因醉酒而获得艺术的自由状态,成为他们解脱束缚获得艺术创造力的重要途径。

射(左)与弈(右)

(二)用法示例

1. 毕业聚餐的时候虽然觥筹交错,非常热闹,但是大家心中都充满了离别的伤感。

2. 宴会上觥筹交错,人们相互敬酒,直到半夜才散去。

3. 直到现在,她都还记得 10 多年前女儿婚宴上觥筹交错的情景。

4. 这次大学毕业 30 周年聚会实在难得,多年未曾见面的同学们在觥筹交错中回忆过往的青春岁月。

(三)运用练习

1. 判断下列句子中"觥筹交错"的使用是否正确。

(1)国庆节的时候,旅游景区到处都是觥筹交错的情景。(   )

(2)他喜欢安静,有空就待在家里,是一个很不喜欢觥筹交错的人。(   )

(3)公司举办的年终尾牙宴觥筹交错,热闹极了。(   )

(4)这座公园每年农历正月十五都会举办觥筹交错的元宵灯会,非常漂亮。(   )

(5)这两句诗描写的是宴会上宾客欢饮、觥筹交错的盛况。(   )

2. 使用"觥筹交错"完成下列句子。

(1)由于经济不景气,不少餐厅_____。

(2)宴会上这些人的脸上满是笑容,互相说得热闹,实际上_____
_____。

（3）卖掉所有产业之后，他已经在这座小山城独自居住了很多年，偶尔想起 _____。

（4）她曾经以为 _____，但是等一切沉淀下来，她才发觉其实平平淡淡的生活更难得。

3. 将下列成语补充完整，并选择填空（可重复选择）。

A. 门当 ____   B. ____ 夫妻   C. 琴瑟 ____

D. __ 案 __ 眉   E. 洞 __ 花 __   F. 觥筹 ____

（1）形容举办婚礼时的情景。____

（2）形容夫妻之间相互尊敬，有礼貌而且平等。____

（3）比喻夫妻关系和谐，亲密融洽。____

（4）指年轻的时候结成的夫妻，现在多用来指原配夫妻。____

（5）形容男女双方的社会地位和经济情况相当，在一起非常适合。____

（6）形容许多人聚会喝酒时的热闹场景。____

（7）近代以来该国皇室有好几位公主都打破 ____ 的观念，嫁给了普通平民。

（8）他完全没有大男子主义思想，因此，他们夫妻之间能够互相尊重，____。

（9）婚礼上 ____，宾客们都喜气洋洋。

（10）多年来一起克服了许多困难的这对 ____，十分恩爱，真让人羡慕。

中国文化知识（一）

中国朝代变迁

中国是世界四大文明古国之一，拥有 4000 年以上有文字可考的历史。

最古老的王朝夏朝开始于公元前 2070 年，中国由此开始进入奴隶社会。商朝时出现了已知中国最早的成熟文字——甲骨文。西周末期王室衰微，周平王迁都洛邑之后被称为"东周",出现了历史上著名的"春秋五霸"和"战国七雄",学术思想上百家争鸣。

公元前221年,秦始皇建立了中国历史上第一个中央集权封建国家——秦朝。此后,西汉与东汉进一步巩固和发展了大一统的局面,汉字基本定型。汉武帝刘彻在位期间是汉王朝最为强盛的时期,他派使臣张骞两次出使西域,开辟了"丝绸之路"。

东汉末年,魏、蜀、吴三国并立,随后是西晋与东晋政权,淝水之战以后形成了南北对峙的局面。在南方,东晋之后,经历了宋、齐、梁、陈4个朝代;在北方,则经历了北魏、东魏和西魏、北齐和北周5个朝代。南北朝是中国历史上分裂与融合的时期。

581年,杨坚篡取北周皇位,南下灭陈,统一全国;618年,李渊建立了唐朝,李世民在玄武门兵变后继承皇位,即为唐太宗。隋唐时期,中国经济繁荣、科技发展、文化影响广泛。唐朝之后,经历五代十国以及辽宋西夏金时期,1271年,忽必烈入主中原,建立元朝,结束了数百年多政权并立的局面,实现了全国大统一。1368年,明太祖朱元璋在南京建立明朝。永乐、宣德年间郑和进行了7次海上远航,是当时世界上规模最大、航程最远的海上探险。明末商品经济获得发展,在江南地区出现"资本主义萌芽"。

明朝后期,中国东北部以努尔哈赤为首的满族人迅速崛起,建立了清朝。清朝第四位皇帝康熙统一了台湾,在其统治下,中国领土面积超过1100万平方千米。19世纪初,清王朝迅速衰败,1840年鸦片战争后中国逐渐沦为半殖民地半封建社会。1911年孙中山领导的辛亥革命推翻了清王朝,同时也结束了延续2000多年的封建君主制。

第二节 人生与风采

弄璋之喜/弄瓦之喜　玉树临风　貌比潘安　掌上明珠　兰心蕙质
倾国倾城

一、弄璋之喜（nòng zhāng zhī xǐ）/弄瓦之喜（nòng wǎ zhī xǐ）

（一）成语释义

璋：古代一种玉器，常用作祭祀山川的礼器。瓦：最初指的是用来纺线的纺锤。"弄璋"和"弄瓦"这两个词语最早来自《诗经·小雅·斯干》，诗中写道："乃生男子，载寝之床，载衣之裳，载弄之璋。其泣喤喤，朱芾斯皇，室家君王。"意思是：如果生个男孩，让他睡在床上，给他穿上衣裳，拿块玉璋给他玩。他的哭声如钟响，将来穿上大礼服，是安邦定国的王。诗中又写道："乃生女子，载寝之地，载衣之裼，载弄之瓦。无非无仪，唯酒食是议，无父母诒罹。"意思是：如果生个女孩，让她睡在地上，盖一床小被子在身上，拿个纺锤给她玩。教她顺从，不做不合礼仪的事情，操持家务多干活，不让父母忧愁。其中"载弄之璋"与"载弄之瓦"的意思分别是"拿块玉璋给他玩"和"拿个纺锤给她玩"。因此，弄璋之喜的意思是：有了儿

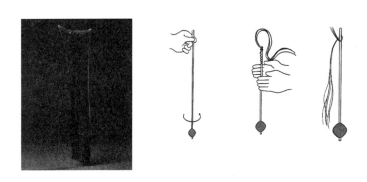

玉璋（左）与"瓦"的使用方法示意图（右）

子的喜庆，用来表示对生了男孩的祝贺；弄瓦之喜的意思是：有了女儿的喜庆，用来表示对生了女孩的祝贺。

（二）用法示例

1. 最近她在朋友圈发了很多张儿子的满月照，庆祝弄璋之喜。
2. 现代社会生男生女都一样，不管是弄璋之喜还是弄瓦之喜，我们做长辈的都高兴。
3. 家有弄璋之喜，太值得祝贺了，这孩子长得很像爸爸。
4. 祝贺再添弄瓦之喜，小宝宝将来肯定是一个聪明的可人儿。

（三）运用练习

1. 判断下列句子中"弄璋之喜"与"弄瓦之喜"的使用是否正确。

（1）我出生以前，我的父母特别希望我是弄璋之喜。（　）

（2）他的妹妹已经有一个儿子了，最近又再添弄璋之喜，现在是儿女双全。（　）

（3）她最近在忙着照顾弄璋之喜。（　）

（4）为了庆祝弄瓦之喜，他们邀请了很多朋友一起吃饭。（　）

（5）他对妻子说，得到一个弄璋之喜或者得到一个弄瓦之喜，他都非常开心。（　）

2. 使用"弄璋之喜"或"弄瓦之喜"完成下列句子。

（1）李主任的妻子刚刚生了一个可爱的女儿，_____。

（2）老张年过四十才有了儿子，_____，今天大摆筵席。

（3）他为刚出生的儿子拍了很多照片，_____。

（4）王老师的女儿是今天早上8点8分出生的，我们打算一起去挑选一份具有纪念意义的礼物送给王老师，_____。

3. 从"弄璋之喜"与"弄瓦之喜"这两个成语中，你觉得在中国古人传统观念中对家中的儿子与女儿有什么不同的期待？

_____

二、玉树临风（yù shù lín fēng）

（一）成语释义

《世说新语·言语》中记载，太傅谢安问众子侄："你们中大部分人今后并不需要从政，为什么家长们还是想把你们培养成为优秀子弟呢？"大家都不说话，只有谢玄回答说："这就好比芝兰玉树，总想使它们生长在自家的庭院中啊！"杜甫《饮中八仙歌》中有"皎如玉树临风前"的诗句。

玉树的意思是：姿态优美的树。玉树临风的意思是：姿态优美的树迎着风。形容人像姿态优美的树一样，举止优雅，风度潇洒。

（二）用法示例

1. 玉树临风、性格随和都是她对未来男朋友设定的条件。
2. 他的表弟玉树临风，身材非常不错，听说以后打算以模特作为职业。
3. 我们学校的学生会主席不仅很有才华，而且确实是玉树临风，不少女生喜欢他。
4. 她希望自己的女儿将来能嫁给一个有才华而且玉树临风的人。

（三）运用练习

1. 判断下列句子中"玉树临风"的使用是否正确。

（1）这个明星是一个非常玉树临风的人，不少女性都为他着迷。（ ）

（2）玉树临风的气质既需要先天条件好，同时也离不开后天的修养。（ ）

（3）他虽然个子矮小，但是却玉树临风。（ ）

（4）儿子20多岁，玉树临风，是她的骄傲。（ ）

2. 使用"玉树临风"完成下列句子。

（1）我的爷爷是大学教授，不仅幽默风趣，而且学问非常好，从他当年的照片上看起来，＿＿＿＿＿＿＿＿＿＿＿＿＿＿＿＿＿。

（2）最近热播的那部电视剧中，男一号扮演者是一位此前没什么名气的年轻演员，＿＿＿＿＿＿＿＿＿＿＿＿＿＿＿＿＿。

（3）听说转专业到我们系的那个男生，不仅＿＿＿＿＿＿＿＿＿＿＿＿＿＿＿
＿＿＿＿＿＿。

（4）这几位准备表演节目的大学生都装扮成古代书生的模样，＿＿＿＿＿
＿＿＿＿＿＿＿＿＿＿＿＿。

3.请谈一谈如果使用"玉树临风"形容一位男性，这位男性需要满足哪些条件。

＿＿＿＿＿＿＿＿＿＿＿＿＿＿＿＿＿＿＿＿＿＿＿＿＿＿＿＿＿＿＿＿＿

三、貌比潘安（mào bǐ pān ān）

（一）成语释义

《世说新语·容止》中记载，潘安仁非常英俊，容颜神态都好，他年轻时拿着弹弓，坐车到洛阳城外游玩，年轻的女人们见了他，都手拉着手围住他。刘孝标的注释中说：潘安仁非常帅，每次出门，年纪大的女人们见了他，都把水果抛给他，以至于他所乘坐的车子上满是水果。

掷果盈车

潘安是西晋著名文学家，名岳，字安仁。貌比潘安的意思是：一个男子的容貌像潘安那样帅。这个成语更多的是强调外貌，与人的品行关系不密切。

（二）用法示例

1.貌比潘安已经非常难得了，他的口才还这么好，怪不得受到大家欢迎。

2.他貌比潘安？在我看来，恐怕只是"情人眼里出潘安"而已吧。

3. 新郎虽然并非貌比潘安，但是很有才华，与美丽聪慧的新娘在一起特别合适。

4. 在他的粉丝眼中，他简直就是貌比潘安的天下第一美男子。

（三）运用练习

1. 《世说新语》刘孝标的注释"至美，每行，老妪以果掷之满车"，请用现代汉语说一说是什么意思。其中所讲的人是谁？为什么会发生这样的事情？

_____

2. 使用"貌比潘安"完成下列句子。

（1）_____，我今天近距离看到他，觉得大众传言并不可信。

（2）_____，结婚之后有担当、负责任才是最重要的。

（3）我妈妈常跟我说，_____，要多关注对方的能力和品行。

3. 选择"玉树临风"或"貌比潘安"填空。

（1）他年轻时身材非常好，当时是著名的时装模特，现在虽然已经人到中年，但是依旧_____。

（2）找男朋友的时候，_____固然难得，但是良好的性格与修养更加可贵。

（3）给我们讲古代文学史的陈教授儒雅博学，_____，是一位非常受同学们欢迎的江南才子。

（4）虽然他没有达到_____的程度，但也长得十分白净斯文。

四、掌上明珠（zhǎng shàng míng zhū）

（一）成语释义

傅玄在《短歌行》中写道："昔君视我，如掌中珠。何意一朝，弃我沟渠。昔君与我，如影如形。何意一去，心如流星。昔君与我，两心相结。何意今日，忽然两绝。"后来"掌中珠"演变为成语"掌上明珠"。

掌上：手掌之上。明珠：珍珠。掌上明珠的意思是：手掌之上的珍珠。比喻珍爱的人或美好珍贵的事物，现在一般比喻被父母或者长辈疼爱的女孩子；有时候也用来比喻美好珍贵的事物，这时候一般加引号。

（二）用法示例

1. 一直以来，她都把女儿视为自己的掌上明珠，非常疼爱。
2. 她5岁的女儿非常懂事可爱，是全家人的掌上明珠。
3. 刚买的新款手机成了他的"掌上明珠"，经过几天使用，他对手机的各种功能已经非常熟悉了。

（三）运用练习

1. 判断下列句子"掌上明珠"的使用是否正确。

（1）我的弟弟今年快30岁了，他是我父母的掌上明珠。（　）

（2）我有一个与我无话不谈的好闺蜜，我把她视为我的掌上明珠。（　）

（3）这款水钻手机壳一定会让你的"掌上明珠"闪闪发光。（　）

（4）这辆很贵的汽车是我的"掌上明珠"。（　）

（5）我很喜欢喝珍珠奶茶，珍珠奶茶是我的"掌上明珠"。（　）

2. 使用"掌上明珠"完成下列句子。

（1）身为独生女的她，从小就得到无微不至的呵护，_____。

（2）虽然小倩不是他们的亲生女儿，_____，给予了她很多的爱。

（3）那个边走边唱的小女孩，_____，平时夫妻俩带她出来玩可小心了。

（4）最近他新买了一部手机，整天拿在手上，_____。

五、兰心蕙质（lán xīn huì zhì）

（一）成语释义

兰和蕙都是香草，一般以开花时间的先后以及一杆花茎上花的多少来区分。开于1—3月的叫"兰",又名春兰,一杆一花;开于3—5月的叫"蕙",又名夏兰,一杆多花。

兰与蕙姿态优美,而且花朵幽香,因此,兰心蕙质常常用来形容心地善良、品性高雅的女子。虽然这个词语形容的是女子的品格,但是其中也暗含该女子容貌清秀、身材苗条而且聪明有灵气之意。

中国人常说的"花中四君子"指的是梅、兰、竹、菊。梅花在严寒中开放,象征高洁坚强;兰花姿态美好,气味幽香,象征优雅谦逊;竹子挺直、四季常青,象征气节高尚;菊花在秋风中开放,象征淡泊名利。此外,荷花也深受中国人喜爱,由于荷花出淤泥而不染,因此,荷花象征着圣洁美好。

(二)用法示例

1. 他的女朋友兰心蕙质,落落大方,太让人羡慕了。
2. 小王将兰心蕙质列为自己选择妻子的标准之一。
3. 10多年不见,她的女儿已经成长为一个兰心蕙质的大姑娘了。
4. 你认为现在的女明星中,谁最符合兰心蕙质的标准?

(三)运用练习

1. 判断下列句子中"兰心蕙质"的使用是否正确。

(1)兰心蕙质的容貌,让她得到了很多人的喜欢。( )

(2)为了成为兰心蕙质的人,她每天都坚持运动。( )

(3)刘伯伯的女儿兰心蕙质,大家都乐于和她来往。( )

(4)我们的历史老师是兰心蕙质。( )

2. 使用"兰心蕙质"完成下列句子。

(1)我们班最受欢迎的就是这个女孩子,＿＿＿＿＿＿＿＿＿＿。

(2)小李的择偶标准有好几条,＿＿＿＿＿＿＿＿＿＿,我们都觉得很难找到能符合这些标准的女孩子。

(3)她是我的大学同学,＿＿＿＿＿＿＿＿＿＿,不仅拥有成功的事业,家庭也经营得很好。

(4)这次公司举办新年游园会,他的妻子,＿＿＿＿＿＿让人印象深刻。

六、倾国倾城（qīng guó qīng chéng）

（一）成语释义

《汉书·外戚传上·孝武李夫人》有这样的记载："（李）延年侍上（上：指汉武帝）起舞，歌曰：'北方有佳人，绝世而独立，一顾倾人城，再顾倾人国。宁不知倾城与倾国，佳人难再得！'"汉武帝听了李延年的歌之后就询问他世上是否真有这样的美人，汉武帝的姐姐平阳公主说李延年的妹妹就是这样的美人。于是，汉武帝立即召见了李延年的妹妹，结果发现她果然美貌无比。后来就用"倾国倾城"来形容女子非常美丽。

中国古代四大美女：西施、王昭君、貂蝉、杨玉环。西施利用美人计帮助越王勾践消灭吴国，经典形象为"西施浣纱"；王昭君因为和亲而远嫁匈奴，经典形象为"昭君出塞"；貂蝉是《三国演义》中的人物，帮助王允完成连环计，经典形象为"貂蝉拜月"；杨玉环是唐玄宗的贵妃，经典形象"贵妃醉酒"。

（二）用法示例

1. 据说这位古代美女的容貌倾国倾城，两个国家的国王还为争夺她发动了战争。

2. 她对自己整容后的容貌满意极了，自认为倾国倾城。

3. 在当地传说中，山中的妖精曾变为倾国倾城的美女与一位农夫成婚。

4. 她能摘得选美冠军的桂冠，靠的不仅是倾国倾城的容貌，还有充满智慧的言谈举止。

（三）运用练习

1. 判断下列句子中"倾国倾城"的使用是否正确。

（1）葡萄园品质是决定酿酒葡萄质量的重要条件，没有好的葡萄园就没有倾国倾城的美酒。（　）

（2）在他的眼中，自己的女朋友就是一个倾国倾城的大美女。（　）

（3）他们虽然没有倾国倾城的财富，但为自己的国家和民族创造了光辉灿烂的文化，因而受到人们的崇敬。（ ）

（4）这座小岛开放旅游后，游客们可以领略岛上倾国倾城的风景。（ ）

2. 使用"倾国倾城"完成下列句子。

（1）历史上的一些美人虽然_____，人们常常用"红颜薄命"来形容。

（2）_____，她不惜花费巨资多次整容，结果反倒容貌受损，变成现在这个样子，真让人唏嘘。

（3）_____，这种想法太不现实了，还是少做白日梦，踏踏实实过日子吧。

3. 选择填空。

弄璋之喜　弄瓦之喜　玉树临风　貌比潘安　掌上明珠
兰心蕙质　倾国倾城

（1）与_____的容颜相比，我觉得有智慧的女性更加可爱。

（2）他穿上这套传统服装后显得更加_____，儒雅潇洒。

（3）家里有这样一个_____的媳妇，这么有气质又这么善解人意，真是好福气啊。

（4）朋友发了好多刚出生女儿的照片给我，分享_____的喜悦。

（5）虽然他_____，但是空有一副好容貌，实际上品行真的不怎么样。

（6）美丽聪慧的女儿是他们夫妻俩的_____。

（7）我们纷纷送上礼物，祝贺他老来得子的_____。

中国文化知识（二）

中国传统思想

中国有一套传承了几千年的完整的思想体系，对中国的文学、艺术、史学、科学、教育等都产生过重大的影响，也是几千年来中国人从事各种活动的指导。这套思想体系最重要的组成部分就是孔子、孟子所开创的儒家思想和老子、庄子所开创的道家思想以及佛学思想。其中儒家思想在中国历史上影响最大、延续时间最久，是中国传统思想文化的主体。孔子提出"仁、义、礼"，孟子延伸为"仁、义、礼、智"，董仲舒扩充为"仁、义、礼、智、信"，后称"五常"。这"五常"贯穿于中华伦理的发展中，成为中国价值体系中最核心的因素。

中国传统思想是独立于西方哲学思想之外的一个体系，有着和西方哲学思想不一样的独特之处，例如作为基本哲理的阴阳五行思想、解释大自然与人类社会关系的天人合一思想、指导解决社会问题的中和中庸思想、指导如何对待自身的修身克己思想等等。应该说，中国传统思想更注重个人修养的提升，更关注修身养性，更为重视智慧的体悟。

第三节　成长与荣耀

童言无忌　青梅竹马　龟年鹤寿　未卜先知　三生有幸　蓬荜生辉

一、童言无忌（tóng yán wú jì）

（一）成语释义

新年说吉祥话，是中国人的一种习俗。为了避免家里的小孩子不知轻重，说出一些不吉利的话，而造成不好的影响，中国古代不少家庭新年时都会在厅堂中的一些地方贴上"童言无忌"4个字。

童言：孩子说的话。无忌：不必忌讳。童言无忌的意思是：孩子说的话不必忌讳，即使说了不吉利的话也不要紧。现在一般用来形容小孩子天真无邪，说话没有忌讳。

童言无忌

（二）用法示例

1. 爸爸：小明，今天是新年第一天，你怎么能说"真倒霉"这样的话？

妈妈：算了，算了，童言无忌，没事的。

2. 婚宴上奶奶听到孙子说了一句不吉利的话，连忙向大家道歉："童言无忌，请大家多多包涵。"

3. 虽然新年时大家都想听吉祥话，但小孩子不小心说错话大人也不要生气，童言无忌嘛！

4. 小朋友不像大人那样讲究"说话的艺术"，但往往在"童言无忌"中却能反映出一些真实的情况。

（三）运用练习

1. 使用"童言无忌"完成下列句子。

（1）舅舅因为年夜饭吃撑了躺在床上休息，4岁的佳佳看了，着急地大喊："舅舅要撑死啦！"妈妈急忙批评佳佳，舅舅说_____。

（2）老师对小新说："你的绘画作品很好，下周学校要派你参加全市比赛。"小新回答："作品是我爸画的，他下周要出差。"_____。

（3）小明看到妈妈和朋友的合影，妈妈问他："这个阿姨漂亮吗？"小明说："我觉得比妈妈漂亮多了。"_____。

2. 阅读下列材料，使用"童言无忌"进行评论。

某地举行的一次公园设计竞标中，聘请了18名小学生担当"评委"，结果收到了意想不到的效果，不少被"著名教授""知名学者"等大加赞赏的设计方案都被孩子们指出了不妥之处。是不是小孩子天真无邪，说话没有忌讳，所以才能说出"真实一面"呢？

_____

3. 中国人新年见面的时候常常说"恭喜发财""四季平安""吉祥如意""步步高升""心想事成""阖家欢乐""福寿安康"等吉祥话，你知道这些吉祥话的意思吗？

_____

二、青梅竹马（qīng méi zhú mǎ）

（一）成语释义

唐代诗人李白的五言古诗《长干行》描写一位女子非常思念丈夫，诗的开头就是女子回忆和丈夫小时候在一起嬉戏玩耍的场景："妾发初覆额，折花门前剧。郎骑竹马来，绕床弄青梅。同居长干里，两小无嫌猜。""弄青梅"的意思是：以投掷青梅为游戏。"骑竹马"的意思是：把竹竿当马骑着玩。

根据《长干行》的诗句，后来用"青梅竹马"描写小男孩和小女孩一起天真快乐玩耍的样子，一般用来形容男女幼年时关系非常亲密，也可以使用"青梅竹马，两小无猜"。

青梅竹马

（二）用法示例

1. 她和她的丈夫青梅竹马，真是令人羡慕。
2. 新郎和新娘从小就是同班同学，真可谓是青梅竹马。
3. 让我们祝福青梅竹马的这对新人白头到老，永远幸福。
4. 希望你们早日将青梅竹马的恋情修成正果。

（三）运用练习

1. 判断下列句子中"青梅竹马"的使用是否正确。

（1）这两个女孩子从小一起长大，现在又在同一家公司工作，确实是青梅竹马的朋友。（ ）

（2）我非常想和他一起永远青梅竹马，慢慢变老。（ ）

（3）祝福你们这对青梅竹马的恋人，永远不分离。（ ）

（4）丁磊和女朋友认识的时候，他刚刚开始创业，两人可谓青梅竹马。

（　　）

（5）这部电影讲述了青梅竹马的阿远和阿云之间动人的爱情故事。

（　　）

2.使用"青梅竹马"完成下列句子。

（1）这篇小说讲的是一个动人的爱情故事，男女主人公_____。

（2）在结婚典礼上，新郎说起了与新娘_____，大家都不禁微笑起来。

（3）能不能讲讲_____，我们都很想知道。

三、龟年鹤寿（guī nián hè shòu）

（一）成语释义

自然界的动物中，龟的寿命比较长，象征着吉祥与长寿；道家文化中，鹤与神仙联系在一起，又称为"仙鹤"，老寿星也常以乘着鹤的形象出现，因此，鹤同样也被视为吉祥与长寿的象征。龟年鹤寿用来比喻人长寿，是一种期待老年人健康长寿的祝福之语，因为古时以"鹤寿""鹤算"作为祝寿之词，所以这个成语也可以说成"龟年鹤算"。

中国古人多用鹤比喻具有高尚品德的贤能之士，把修身洁行的君子或有才德声望的隐士称为"鹤鸣之士"，对于老年人去世则有"驾鹤西游"的说法。

寿星乘鹤

（二）用法示例

1. 只要自我健康管理得当，糖尿病患者同样也能龟年鹤寿。
2. 这件礼物代表了我们的心意，祝您龟年鹤寿，永远健康！
3. 老先生您今年九十高龄，真是龟年鹤寿，可喜可贺。
4. 这座小山城的环境特别好，因此龟年鹤寿的老人挺多的。

（三）运用练习

1. 判断下列句子中"龟年鹤寿"的使用是否正确。

（1）今天是我们的朋友 25 岁的生日，我们祝她龟年鹤寿。（　）

（2）这里是中国著名的长寿之乡，龟年鹤寿的老寿星特别多。（　）

（3）他的爷爷已经到了龟年鹤寿的年纪。（　）

（4）祖父的生日宴会上，全家人齐聚一堂祝福 80 岁的祖父龟年鹤寿。
（　）

2. 使用"龟年鹤寿"完成下列句子。

（1）一部分中国老人改变了传统的居家养老观念，现在养老院中 ＿＿＿＿＿＿＿＿＿＿＿＿＿＿＿＿＿。

（2）后天是奶奶的九十大寿，他专门定做了一个大蛋糕，＿＿＿＿＿＿＿＿＿＿＿＿＿＿＿＿＿＿。

（3）现代医学越来越发达，＿＿＿＿＿＿＿＿＿＿＿＿＿＿＿＿＿＿＿。

3. 请在课后查阅资料，说一说下列这些带"寿"字成语的意思。

寿终正寝　福寿双全　寿比南山　万寿无疆

＿＿＿＿＿＿＿＿＿＿＿＿＿＿＿＿＿＿＿＿＿＿＿＿＿＿＿＿＿＿＿

四、未卜先知（wèi bǔ xiān zhī）

（一）成语释义

占卜是用来预测未来的吉、凶、祸、福的各种活动。在中国商朝，战争、贵族婚丧嫁娶等大事之前，巫师将龟甲或者兽骨放在火上烤，根据裂纹预测未来的情况,这就是"卜",后来也使用铜钱、竹签、八卦、纸牌等工具来占卜。

未:没有。卜:占卜。未卜先知的意思是:没有占卜也能事先知道事情未来的发展或者结果,常用来形容非常有预见。所谓的"未卜先知",其实是根据综合因素进行全方位判断,从而对某些事情的发展或者结果做出准确的预测。

甲骨:中国古代占卜时用的龟甲和兽骨。龟甲称为卜甲,多用龟的腹甲;兽骨称为卜骨,多用牛的肩胛骨,也有羊、猪、虎骨及人骨。卜甲和卜骨,合称为甲骨。甲骨文:中国商朝时期的一种成熟文字,属于汉字的早期形式,因镌刻、书写于龟甲与兽骨上而得名,最早出土于河南省安阳市殷墟。

卜甲、卜骨与甲骨文示例

(二)用法示例

1. 谁能想到现在房价涨得这么厉害?如果能未卜先知,10年前我绝对会贷款多购置一套房子。

2. 你真是未卜先知啊,这次毕业论文开题,老师们果然提了几个你说可能会提的问题。

3. 世界上并不存在未卜先知的人,那些算命先生所讲都是骗人的,你不能相信。

(三)运用练习

1. "未卜先知"中"卜"是什么意思?甲骨与"卜"有什么关系?

_____

2. 判断下列句子中"未卜先知"的使用是否正确。

(1)他看了天气预报后,带了伞出门,刚走到街上就下雨了,真是未卜先知啊。( )

(2)《三国演义》中的诸葛亮有未卜先知的本领。( )

（3）你来未卜先知一下，说说今天的比赛哪个队能获得冠军。（　）

（4）他希望自己能对公司未来发展的情况进行未卜先知。（　）

3. 使用"未卜先知"完成下列句子。

（1）昨天你说要涨的那几只股票果然都大涨了，你_____。

（2）我才不相信那个神棍所说的"预言"呢，_____。

（3）他每次预测房价的走势都很准确，_____。

五、三生有幸（sān shēng yǒu xìng）

（一）成语释义

和尚圆观有个叫李源的好朋友。一次，两人相约远游，途中在河边看见一个妇人。圆观说："她怀孕三年，等着我去投胎做她的儿子。我一直逃避，今天既然碰到，就无法逃避了。我去后的第三天，你到这个妇人家，如果出生的孩子对你笑一笑，那便是我。我们就以这一笑作为凭证。12年后的中秋节，我们在杭州天竺寺见。"当天晚上，圆观就去世了，而那个妇人也生下了一个男孩。三天后，李源到妇人家里看望，果然，孩子对着他笑起来。12年后的中秋节，李源来到了杭州天竺寺，看见一个牧童骑在牛背上唱着歌："三生石上旧精魂，赏月吟风不要论。惭愧故人远相访，此身虽异性长存！"意思是：在这里的是已轮回三世的旧日魂魄，以前在一起赏月吟诗的日子已经过去。感谢你不远千里与我相见，虽然我的外表与以前不同，但是过去我们之间的情谊我永远都不会忘记！

三生：佛家指前生、今生、来生。三生有幸的意思是：三生都很幸运，也就是说运气与机遇极好；也用来比喻人与人之间特别的缘分。

（二）用法示例

1. 结婚典礼上，新郎动情地对新娘说："这辈子能够娶你为妻，三生有幸，我一定会好好珍惜。"

2. 能得到您这位大专家的指导，我和我的团队真是三生有幸。

3. 对于球迷而言，能到世界杯现场看决赛，是一件三生有幸的事情。

（三）运用练习

1. 判断下列句子中"三生有幸"的使用是否正确。

（1）你和他在一起不容易，是三生有幸的两个人，应该互相包容走下去。
（　）

（2）她这个人真是太幸运了，遇到了很多三生有幸的事情。（　）

（3）我能成为您的学生，真是三生有幸。（　）

（4）导师总是给予我三生有幸的关心和照顾。（　）

2. 使用"三生有幸"完成下列句子。

（1）遇到您这样一位学识渊博且关心学生成长的好老师，_____。

（2）_____，我一定好好工作，不辜负大家的信任。

（3）这位川剧表演大师轻易不收弟子，_____。

六、蓬荜生辉（péng bì shēng huī）

（一）成语释义

蓬：蓬草。荜：荆棘和竹条。蓬荜：用蓬草、荆棘和竹条编起来作为家门与篱笆，借以指代穷苦人家，是一种谦虚的说法。生辉：增添光辉。

蓬荜生辉的意思是使寒门增添光辉，用来表示由于对方到了说话人所在的地方，或张挂了对方给说话人题赠的字画等而使说话人非常光荣。这个成语不能用于形容自己的东西使别人的地方增添光彩，也不能用于称赞对方的语言表达能力。

（二）用法示例

1. 您的到来真是令寒舍蓬荜生辉，我备感荣幸。
2. 您这位大书法家为我们学校题的字，让学校蓬荜生辉，感激不尽。
3. 您能来我们公司作报告，给我们带来远见卓识的行业分析，我们这儿真是蓬荜生辉啊！

(三) 运用练习

1. 判断下列句子中"蓬荜生辉"的使用是否正确。

（1）我的画能让你家蓬荜生辉。（ ）

（2）您的话使我的心里蓬荜生辉。（ ）

（3）王教授刚才的讲座确实蓬荜生辉。（ ）

（4）我非常希望我的家能够蓬荜生辉。（ ）

（5）用我们公司生产的家具，一定会使您的居室蓬荜生辉。（ ）

（6）我家里挂上了您的这幅书法作品真是蓬荜生辉。（ ）

（7）晚上广场上灯光亮起来之后，整个广场都显得蓬荜生辉。（ ）

2. 使用"蓬荜生辉"完成下列句子。

（1）有了您赠给我的这幅油画挂在屋里，_____。

（2）_____，真是不胜荣幸。

3. 使用下列括号中的成语将句子补充完整。

（1）宴会上最年幼的小妹妹说了不吉利的话，她的妈妈连忙道歉说："_____。"（童言无忌）

（2）这部根据作者初恋经历改编而成的小说描写的是_____。（青梅竹马）

（3）听说你的外婆已经快90岁了，_____。（龟年鹤寿）

（4）这两位明星真的像你之前预料的那样在一起了，_____。（未卜先知）

（5）能成为您的学生，在您的指导下进行研究工作，_____。（三生有幸）

（6）您的画作我已经挂在自己的书房里了，_____。（蓬荜生辉）

中国文化知识(三)

中国古代青铜器

据记载,中国最早的青铜器产于距今4000多年前。青铜器的种类主要分为礼器、兵器及杂器,许多青铜器尤其是礼器造型优美,花纹图案精巧,体现了高超的艺术水平,形成了后来著称于世的中国青铜器文化。

早期青铜器的价值较高,因此,大多数都被掌握在显贵手中,这让它有了显示身份的作用,后来被广泛用于礼器的制作之中。一些用于祭祀和宴饮的器物,被赋予特殊的意义,成为礼制的体现,这就是所谓"藏礼于器",这类器物叫作"青铜礼器"。青铜礼器包括鼎、鬲、觚、爵、尊等等,被赋予了一定的神圣性,不能在一般生活场合使用;纹饰主要是怪兽,其中最多见的是饕餮纹,饕餮是传说中的一种贪食的兽,礼器上多刻其头形作为装饰。所有青铜器中,礼器数量最多,制作也最精美,可以代表中国青铜器制作工艺的最高水平。青铜器最著名的代表包括鸮尊、毛公鼎、后母戊鼎、四羊方尊等等。

图7-7 鸮尊(左)与后母戊鼎(右)

在西周时期，青铜鼎逐渐成为主流，而且和宗法制度相匹配的礼乐制度，让青铜编钟等乐器的地位得到了提升，也成为十分重要的礼器种类。为了加强宗法制的影响力，政府对于礼器的数量和使用方式作出了明确的规定，除了天子可以使用九鼎之外，其余的人必须根据自己的身份使用不同数量的礼器。

本章成语练习

选择合适的成语填空。

门当户对	结发夫妻	琴瑟和谐	举案齐眉	洞房花烛
觥筹交错	弄璋之喜	弄瓦之喜	玉树临风	貌比潘安
掌上明珠	兰心蕙质	倾国倾城	童言无忌	青梅竹马
龟年鹤寿	未卜先知	三生有幸	蓬荜生辉	

他们两人＿＿＿＿，从小＿＿＿＿，曾经许下缘定三生的誓言。结婚那天邀请了很多客人，那晚的酒席上＿＿＿＿，非常热闹。成为＿＿＿＿之后，婚姻生活＿＿＿＿，可谓是＿＿＿＿，相敬如宾。他们经常说，能有缘结为夫妻，真是＿＿＿＿。

不久之后，家里先后增添了＿＿＿＿与＿＿＿＿。女儿长大之后像母亲一样＿＿＿＿，被父母视为＿＿＿＿。儿子小时候非常调皮，每次新年的时候讲了什么不吉利的话，温柔的母亲总是说，算了算了，＿＿＿＿。

儿子长大之后，像父亲一样＿＿＿＿，＿＿＿＿，而且还成为一位非常有名的画家，不少人都会在家里挂上他的画，见面的时候对他说："您的画让我家＿＿＿＿。"他在父亲八十大寿的时候，为父亲画了寓意吉祥的画，祝父亲＿＿＿＿。

第三章　富于启迪的历史典故

第一节　君王与诸侯

卧薪尝胆　一鼓作气　破釜沉舟　四面楚歌　三顾茅庐　望梅止渴

一、卧薪尝胆（wò xīn cháng dǎn）

（一）成语释义

春秋时期，吴王夫差打败了越国，越王勾践被俘虏，成了夫差的马夫，受尽屈辱之后才被放回越国。为了告诫自己不要忘记复仇，越王勾践每天睡在柴草上，还在房间里吊着一颗苦胆，吃饭和睡觉前都要品尝一下。他还努力发展越国的经济，让百姓安居乐业，同时加强军队训练。经过10年的努力，越国变得国富兵强。后来勾践率军进攻吴国，成功取胜，使越国成为春秋末期的一个强国。

卧薪尝胆

薪：柴草。尝胆：尝一尝胆的苦味。卧薪尝胆的意思是：睡在柴草上，经常尝一尝苦胆。比喻刻苦努力，牢记过去的遭遇，立志恢复。

（二）用法示例

1. 4年前该国体操队在奥运会上惨败，此后运动员们卧薪尝胆，刻苦训练，终于在本届奥运会上取得了令人骄傲的好成绩。

2. 这个国家的足球队多次输给小国弱队，目前状态堪忧，只有卧薪尝胆才能获得根本性的改变。

3. 作为公司的负责人，他主动承担了这次失败的责任，并且表示今后一定会卧薪尝胆，带领公司重新走向辉煌。

4. 失败只是暂时的，如果你有卧薪尝胆的毅力，以后会成功的。

（三）运用练习

1. 判断下列句子中"卧薪尝胆"的使用是否正确。

（1）他的学习成绩一直很好，不过为了准备这次考试，他还是打算卧薪尝胆。（ ）

（2）我们公司虽然业绩一直很好，是行业的领头羊，但是大家还是需要卧薪尝胆，继续努力。（ ）

（3）公司经营失败之后，他没有灰心，而是选择卧薪尝胆，反思教训，重头再来。（ ）

（4）他是一个卧薪尝胆的人，我们应该向他学习。（ ）

（5）每个创业者都希望第一次创业就能成功，但是这条道路并不好走，应该做好失败之后卧薪尝胆的准备。（ ）

2. 根据下列提供的材料，使用"卧薪尝胆"写一个句子。

2015年亚锦赛中这个国家的女子篮球队以50：85的大比分输给了对手。在这样的惨败下，该国女篮开始奋发图强，大批选拔年轻队员，加强训练强度，升级训练精度。这样的刻苦训练终于取得了收获，该国女篮7年之后取得了世界杯亚军的好成绩。

二、一鼓作气（yì gǔ zuò qì）

（一）成语释义

春秋时代，齐国派兵攻打鲁国。鲁庄公带着谋士曹刿指挥作战。齐军第一次、第二次击鼓以后，鲁军都准备发起进攻，曹刿却说："不行。"等到齐军三次击鼓以后，曹刿才说："现在可以进攻了。"结果齐军大败。战斗结束后，鲁庄公问曹刿胜利的原因。曹刿说："打仗时，第一次击鼓，士气十分旺盛；第二次击鼓，士气有些衰落；第三次击鼓，士气就耗尽了。敌人士气耗尽，我们发起进攻，所以取得了胜利。"

一鼓：第一次击鼓。一鼓作气的意思是：第一次击鼓的时候士兵们的士气最振奋。形容趁着劲头最大的时候，一下子把事情做好。

一鼓作气

鼓在中国古代可以作为乐器、礼器以及战争的工具等等。山东沂南汉画《百戏图》中记录了"百戏"演出的盛况，在样式华丽的建鼓旁，两人身着宽袍大袖衣，正欲击鼓，舞姿健美，其中建鼓就是一种乐器。中国南方，如

汉画《百戏图》

广西、云南等少数民族地区以铜鼓为礼器,象征权势和财富。此外,战争中鼓是联结士兵与指挥官的桥梁,击打方式不同,代表的含义不同,可以是进攻、撤退、追击、收兵等含义,也能用来鼓舞士气。

(二)用法示例

1. 扶贫就好像打仗一样,到了紧要关头,更需要有一鼓作气的决心。

2. 社区居委会在政府的统一安排下,一鼓作气整顿违章搭建,使社区出现了全新的面貌。

3. 写完论文第一部分后,他决定利用寒假一个月的时间,一鼓作气把后面的内容全部完成。

(三)运用练习

1. 判断下列句子中"一鼓作气"的使用是否正确。

(1)你们一鼓作气把剩下的工作都做完再回家吧。( )

(2)你不要这样一鼓作气,休息一下再继续工作。( )

(3)他一鼓作气把自己心里的话说了一半。( )

(4)我的哥哥一鼓作气玩游戏玩了5个小时。( )

(5)多地警方联合行动,一鼓作气连续破获了3起贩毒案件。( )

2. 使用"一鼓作气"完成下列句子。

(1)为了准备期末考试,她 _____。

(2)在学校举办的爬山比赛中,他 _____,获得了第一名。

(3)_____,明天你就可以好好放松了。

三、破釜沉舟(pò fǔ chén zhōu)

(一)成语释义

秦朝末年,秦兵包围了巨鹿,项羽带领军队前去援救。在全军渡河之后,项羽命令把所有船只凿沉,把做饭的锅打破,只带三天的干粮,以此表示决战到底,不给士兵留一点儿退路。经过激烈的战斗,项羽的军队最终取得了巨鹿之战的胜利。

釜:锅。破釜:把饭锅打破。沉舟:把渡船凿沉。破釜沉舟的意思是:把饭锅打破,把渡船凿沉。比喻不留退路,下决心不顾一切地干到底。

破釜沉舟

釜:圆底圆口,一般无足,必须安置在炉灶之上或以其他物体支撑煮物,可以直接用来煮、炖、煎、炒等,是"锅"的前身。鼎:鼎在古代被视为立国重器,是国家和权力的象征,三足鼎被称为"阳鼎",四足鼎被称为"阴鼎"。

(二) 用法示例

1. 这场排球比赛中,我们队虽然处于劣势,但是大家破釜沉舟,用尽全力,终于取得了胜利。

2. 小企业在创立阶段都面临人才与资金的问题,必须以破釜沉舟的勇气,把所有能动性发挥出来,才能成功。

3. 这家企业曾被对手逼到墙角,幸亏总裁破釜沉舟地决定,放弃已经毫无优势的原有业务,全面转向新产业,企业才得以重新发展起来。

(三) 运用练习

1. 根据下列提供的材料,使用"破釜沉舟"写一个句子。

(1) 20世纪80年代,这家公司生产了一批没有达到合格标准的冰箱。那时候公司发不出工资,员工们都希望把这些冰箱带回家抵作工资，但是总裁毅然拿起大锤砸掉不合格的冰箱。这一举动激励公司努力研发，公司产品终于成为知名品牌。

_____

（2）现年56岁的他烟龄已有43年，烟瘾很大，已经严重影响到了身体健康。目前他计划去一座荒无人烟的小岛居住，从而逼迫自己戒烟。

_____

2. 结合成语"破釜沉舟"的意思，说一说为什么下列这幅漫画使用"破釜沉舟的炒股者"作为标题。

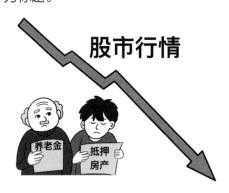

_____

3. 选择"破釜沉舟"或者"卧薪尝胆"填空。

（1）创业失败之后，他没有气馁，而是反思教训，选择_____，终于获得了成功。

（2）毕业以后，他没有找工作，而是以_____的勇气在家复习，准备参加明年的研究生考试。

（3）目前线下零售业遭遇到了前所未有的困境，她_____，辞掉了销售员的工作，进入了直播带货行业。

（4）研发这项关键技术的过程中虽然遭遇了多次失败，但是他们团队的技术人员_____，终于取得了重大突破。

四、四面楚歌（sì miàn chǔ gē）

（一）成语释义

秦朝末年，刘邦和项羽争夺天下。刘邦的军队把项羽围在垓下，这时，项羽手下的兵士已经很少，粮食也几乎没有了。项羽夜里听见四面围住他的军队都唱起了楚地民歌，非常吃惊地问："刘邦已经得到楚地了吗？为什么他的部队里面楚人这么多呢？"项羽心里丧失了斗志，就在营帐里面喝酒，并和他最宠爱的妃子虞姬一同唱歌。最后虞姬自杀，项羽带着仅剩的八百名骑兵突围逃走，在乌江畔自刎而死。

楚歌：楚地的民歌。四面楚歌的意思是：四周到处都能听见楚地民歌的声音。形容陷入四面包围却又孤立无援的情况，或者遭受各方面逼迫与反对的困境。

四面楚歌

（二）用法示例

1. 这个部门经理处理问题时总是先考虑个人利益，导致大家对他的意见非常大，如今他已经四面楚歌。

2. 你如果在会议上提出这样不近人情的建议，必定会遭到所有人的反对，到时候很可能出现四面楚歌的情况。

3. 破产的消息传出后，向他讨债的人纷至沓来，突然之间，他陷入了四面楚歌的境地。

（三）运用练习

1. 使用"四面楚歌"完成下列句子。

（1）我们的对手＿＿＿＿＿＿＿＿＿＿＿＿＿＿＿＿，这个时候我们更要保持冷静。

（2）＿＿＿＿＿＿＿＿＿＿＿＿＿＿，作为他最好的朋友，你真的应该帮帮他。

（3）如果你再继续这样目中无人，＿＿＿＿＿＿＿＿＿＿＿＿＿＿＿＿＿＿。

（4）他投资失败后债台高筑，＿＿＿＿＿＿＿＿＿＿＿＿＿＿＿＿＿＿。

2. 根据下列提供的材料，使用"四面楚歌"进行评论。

近日，这家公司的新产品销售情况远不如预期，关于公司减产的消息传言四起，评级机构较为少见地下调了对它的股票评级。受该公司股票大跌的影响，今天中国 A 股产业链板块整体表现不佳。

＿＿＿＿＿＿＿＿＿＿＿＿＿＿＿＿＿＿＿＿＿＿＿＿＿＿＿＿＿

3. 结合成语"四面楚歌"的意思，说一说为什么下列这幅漫画使用"私家车主面临'四面楚歌'"作为标题。

＿＿＿＿＿＿＿＿＿＿＿＿＿＿＿＿＿＿＿＿＿＿＿＿＿＿＿＿＿

五、三顾茅庐(sān gù máo lú)

(一)成语释义

东汉末年,诸葛亮住在隆中的茅草屋里。刘备为了得到诸葛亮的帮助,就和关羽、张飞一起去请他出山,可是诸葛亮不在家,刘备只好留下姓名之后返回。隔了一段时间,刘备带着关、张二人再次前往,这一次诸葛亮又出门去了,刘备等人还是空走一趟。刘备一行第三次去隆中,当他们到达的时候,诸葛亮正在睡觉。刘备不敢惊动诸葛亮,一直等到他醒来。刘备三次到诸葛亮的茅草屋拜访,使诸葛亮非常感动,答应出山相助。

三顾:三次去拜访。茅庐:茅草屋。三顾茅庐的意思是:刘备三次去诸葛亮住的茅草屋拜访。比喻多次邀请,真心诚意地寻找有才能的人。

三顾茅庐

(二)用法示例

1. 这个节目组为了请来这几位著名歌手,不惜三顾茅庐,再三邀请。

2. 这部电影创造了军事题材电影的票房奇迹,在筹拍续集的过程中,制片人三顾茅庐邀请息影多年的老影帝加盟拍摄。

3. 我们学校之所以能在教学、研究两方面都取得良好成效,其中一个重要原因就是,两任校长都能以三顾茅庐的诚心,到各地访聘优秀人才。

（三）运用练习

1. 判断下列句子中"三顾茅庐"的使用是否正确。

（1）他这个人，最喜欢没事就三顾茅庐。（　）

（2）我们院长三顾茅庐的诚心终于打动了这位学术大咖，他目前已经答应到我们学院工作了。（　）

（3）我的朋友数学非常好，所以周末我经常三顾茅庐，向她请教数学方面的问题。（　）

（4）为了招聘到优秀的毕业生，我们公司人力资源部在毕业季总是去各个学校三顾茅庐。（　）

（5）我的朋友三次打电话邀请我陪她逛街，可真是三顾茅庐啊。（　）

2. 根据下列提供的材料，使用"三顾茅庐"写一个句子。

　　他曾经受聘于国内某著名服装厂商，获得过"金剪刀奖"。2008年底正值他与该厂商的合同期满，为了聘请他到自己的公司工作，湖南一家公司的老板几次到北京与他商谈，终于与他签下了合同。

_____

六、望梅止渴（wàng méi zhǐ kě）

（一）成语释义

有一年夏天，曹操带兵出征，一路上士兵又累又渴。曹操看到行军的速

望梅止渴

度越来越慢,心里很着急。他指着前方说:"士兵们,我知道前面有一大片梅林,那里的梅子酸甜可口,又大又好吃,我们快点赶路,去吃梅子解渴!"士兵们一听,仿佛嘴里吃到了梅子,都流出了口水,精神振奋,加快了行军的步伐,最终顺利抵达了前面的水源。

望梅止渴的意思是:让士兵想象远处酸甜的梅子,用流出的口水暂时解渴。比喻用想象来安慰自己或他人。

(二) 用法示例

1. 因为买不起价格昂贵的名牌包,她经常去看看橱窗里的展示品,也算是望梅止渴吧。

2. 由于各种原因,我们没有办法去现场观看比赛,现在只能通过看电视直播来望梅止渴。

3. 这片老城区早就制定了改造计划,但是几年过去了都不见任何行动,希望改造计划不要成为让居民们望梅止渴的一纸空文。

(三) 运用练习

1. 判断下列"望梅止渴"的使用是否正确。

(1) 他工作不努力,又想过上好生活,只能望梅止渴。( )

(2) 他买不起那辆昂贵的跑车,因此经常来展厅看一看,以此望梅止渴。( )

(3) 她一直都没有找到理想的男朋友,因此,以前许下的愿望成了望梅止渴的空想。( )

(4) 他总是用未来能成为全班第一名来望梅止渴。( )

(5) 这款新上市的手机目前很难买到,我只好先在网上搜索各种相关信息来望梅止渴。( )

2. 阅读下列材料,并使用"望梅止渴"进行评论。

(1) 这座农民工公寓建好7个月后仍然没有一名农民工入住,因为入住条件之一就是需要提供长期工作合同,而农民工大部分从事的都是短期工作,根本无法满足这所谓"农民工公寓"的入住条件。

_____

（2）夏天的持续高温下仍有许多人要在烈日下露天工作,政府为此专门出台了高温补贴的规定,但由于经济不景气,工作难找,即使没有得到高温补贴,他们也不敢向工作单位提出要求。

_____

3. 写出与下列成语相关的主要历史人物。

（1）卧薪尝胆（　　　）　（2）一鼓作气（　　　）

（3）破釜沉舟（　　　）　（4）四面楚歌（　　　）

（5）三顾茅庐（　　　）　（6）望梅止渴（　　　）

4. 选择合适的成语填空。

破釜沉舟　四面楚歌　望梅止渴　卧薪尝胆　三顾茅庐　一鼓作气

（1）这个国庆长假他需要加班,原来和朋友一起去北京旅游的计划泡汤了,只能看看朋友发在朋友圈里的照片 _____。

（2）面对失败,他 _____,通过不懈的努力终于使公司重振雄风。

（3）这位著名设计师被他 _____ 的诚心打动了,答应加入他的公司。

（4）既然马上就要完成了,那我们就干脆 _____ 做完再休息吧。

（5）如果你这火爆的脾气不改一改,再这样下去所有的人恐怕都会被你得罪,陷入 _____ 的境地,那可不好受啊。

（6）国有企业改革确实需要 _____ 的决心和勇气。

中国文化小知识（四）

中国地域文化

广义上中国地域文化指的是中国在一定的地域范围内长期形成的历史遗存、社会习俗、生产与生活方式等独具特色、传承至今并仍发挥作用的文化传统，例如燕赵文化（北京、天津、河北一带）、齐鲁文化（山东一带）、中州文化（河南一带）、三晋文化（山西一带）、三秦文化（陕西一带）、吴越文化（江苏、浙江一带）、湖湘文化（湖南一带）、荆楚文化（湖北一带）、巴蜀文化（重庆、四川一带）、闽南文化（福建一带）、岭南文化（广东一带）等等。

首先，地域文化具有明显的地域性。由于古代交通不便和行政区域的相对独立性，各地的文化形态也具有了各自不同的风格，一地有一地的特点。其次，地域文化形成过程具有长期性。大多数地域文化的命名源于两三千年之前的春秋战国时诸侯国名，如巴、蜀、楚、吴、越等等，这些诸侯国虽然不存在了，但各自的文化形态却延续了下来，长期影响着这个地区的人们，例如燕赵文化豪迈激昂、齐鲁文化传统敦厚、吴越文化细腻柔美、荆楚文化灵活拼搏、巴蜀文化乐观坚守等等。最后，地域文化具有相互渗透和包容性。各地人群的相互流动，自然使文化习俗互相渗透、互相影响，作为宗主区域的文化，自然就包容了外来的文化，尤其在几个文化区域的交汇地带，更形成了兼具几种地域文化特点的特色文化。

第二节 文臣与武将

老马识途　完璧归赵　负荆请罪　悬梁刺股　闻鸡起舞　杯弓蛇影

一、老马识途（lǎo mǎ shí tú）

（一）成语释义

齐国出兵攻打山戎，春往冬返，在山谷中迷失了道路。大臣管仲说："军队中的老马有认识路途的本领，我们跟着它们走，一定能找到出去的路。"于是，大家立即挑选出几匹老马，让它们在军队的最前面自由行走。它们都朝向同一个方向前进，军队就这样跟着它们找到了路。

老马识途

途：道路。识：认识。老马识途的意思是：老马认识走过的道路。形容有经验的人对事情比较熟悉，常常用于能够通过经验来解决遇到的问题或者带领团队走出困境等方面。

（二）用法示例

1. 他在这个领域工作了很多年，希望他老马识途，带领我们公司走出目前的困境。

2. 这么快就解决问题了？还是你经验丰富啊，果然是老马识途。

3. 有你这样老马识途的前辈指点，我们所遇到的难题一定很快就能解决。

（三）运用练习

1. 判断下列句子中"老马识途"的使用是否正确。

（1）我在公司经营与管理方面有很多经验，可以说是老马识途，你放心，我保证能给你提供你最需要的帮助。（　）

（2）还好你老马识途，不然我们真的很难渡过这个难关。（　）

（3）他是当地人，你放心，在教当地语言方面绝对是老马识途。（　）

（4）工作上老马识途的人，肯定会受到用人单位的欢迎。（　）

（5）我在上海住了好几年，对于上海老马识途。（　）

（6）张先生在这方面老马识途，请他来处理这个难题，大家都认为非常合适。（　）

2. 使用"老马识途"完成下列句子。

（1）他在担任这支足球队主教练时，曾带领球队获得过冠军，如今时隔多年再次接任正在走下坡路的球队的主帅职位，＿＿＿＿＿＿＿＿＿＿＿＿＿＿＿＿＿。

（2）他的管理经验非常丰富，这么大的难题都能顺利解决，＿＿＿＿＿＿＿＿＿＿＿＿＿＿＿。

二、完璧归赵（wán bì guī zhào）

（一）成语来源与成语释义

赵惠文王得到了和氏璧，秦昭王听说后派人对赵王说，愿意用15座城池交换这块玉璧。秦强赵弱，赵惠文王既怕给了和氏璧却换不回城池，又怕得罪秦国。蔺相如知道这件事以后，就请求让自己带着和氏璧去秦国。见到秦昭王之后，他见对方无意交城，就举着和氏璧，大声说："如果大王要抢这块宝玉，我就和宝玉一起撞在柱子上，让宝玉也摔得粉碎！"秦王听了很生气，但是又怕蔺相如真的撞上柱子而摔坏和氏璧，因此，也不敢对蔺相如怎么样。

完璧归赵

蔺相如假意要延期正式献上和氏璧,找到机会,派人连夜把和氏璧送回赵国。秦王很恼怒,但也无可奈何,只好把蔺相如放了。

完:完整。璧:和氏璧。归:回归。完璧归赵的意思是:将完整的和氏璧送归赵国。比喻将原物完好无损地归还给借主或者物主。

(二)用法示例

1. 储户粗心大意把一笔现金遗落在银行大厅,银行工作人员捡到钱之后,把全部钱款完璧归赵。

2. 我想借用一下你的摄影机,明天保证完璧归赵。

3. 电动车失主报案之后,派出所民警通过调看监控视频,抓住了偷车贼,丢失的车辆终于完璧归赵。

(三)运用练习

1. 判断下列句子中的"完璧归赵"使用是否正确。

(1)我的朋友在生活中是一个总是完璧归赵的好人。( )

(2)他收藏的那本古籍你已经借去阅读好几个月了,现在也应该完璧归赵了吧。( )

(3)你的电动车丢了,赶紧报警,让警察帮你完璧归赵吧。( )

(4)我们从外省博物馆借展的几十件文物,在此次展出结束后已经完璧归赵对方了。( )

(5)明天我要去面试,能不能借你的西装穿一下?面试结束之后一定会

完璧归赵。（　　）

2. 根据下列提供的材料，使用"完璧归赵"写一个句子。

（1）乘客坐公交下车时将买房的 3 万元订金落在了车上，公交驾驶员将钱款还给了失主。

_____

（2）胡先生在乘公交车时遗失了装有贵重物品的双肩包，在工作人员的帮助下联系到了驾驶员，失物也回到了他的手中。

_____

（3）一位爱国商人花高价从国外收藏家那里购买到了这幅珍贵画作之后，捐献给了故宫博物院。流落国外 100 多年的画作终于完好地回到了祖国。

_____

三、负荆请罪（fù jīng qǐng zuì）

（一）成语释义

因为完璧归赵以及在其他的方面立了功，蔺相如被赵王封为上卿。大将军廉颇不服气，他觉得蔺相如光凭嘴说一说就能做官，而自己为赵国拼命打仗，地位却不如他。于是，他公开说要当面羞辱蔺相如。因此，蔺相如每次出门，都特意选择回避廉颇。别人问蔺相如："您的地位比廉将军高，却总是躲着他，是不是害怕他？"蔺相如说："秦王比廉将军厉害，但是我见了秦王都不怕，还怕廉将军吗？我躲着廉将军，是因为如果我们一闹，双方都会受到损害，这样就给了秦国进攻赵国的机会。国家比私人的面子重要。"廉颇听说了蔺相如的话，惭愧极了，背着

负荆请罪

荆条，去蔺相如家请罪。从此，两个人一文一武，共同为赵国出力。

负：背着。棘：荆条。请罪：请求对方原谅自己的错误。负荆请罪的意思是：赤身背着荆条，请求对方原谅自己的错误。形容真心诚意地向他人道歉。

（二）用法示例

1. 我今天来是特意来向你负荆请罪的，昨天我不该对你说那些话，实在对不起，请你原谅。

2. 小乐昨天忙得忘记了女朋友的生日，所以今天马上买了昂贵的香水送给她，用这种方式来负荆请罪。

3. 他的所作所为给妻子和家庭造成了巨大伤害，即使负荆请罪，估计他的妻子也不会原谅他。

4. 他知道自己所有负荆请罪的举动，都无法弥补给朋友造成的损失。

（三）运用练习

1. 判断下列句子中的"负荆请罪"使用是否正确。

（1）他知道自己错了后，就马上负荆请罪同学。（ ）

（2）我来向你负荆请罪了，你就原谅我吧。（ ）

（3）如果你做一些负荆请罪的事情，我觉得他有可能会原谅你。（ ）

（4）你深深伤害了她的感情，负荆请罪已经没有用了。（ ）

（5）我因为做错事惹了朋友生气，所以今天特地来负荆请罪。（ ）

2. 使用"负荆请罪"完成下列句子。

（1）王先生因为前两天误会了妻子，今天给妻子又买包又送花，_____。

（2）事情真相终于弄清楚了，他也意识到是自己冤枉了小李，_____。

（3）他的行为已经造成了严重的后果，_____。

（4）由于这个误会是因我而起，_____。

3. 说一说为什么下列这幅漫画使用"负荆请罪有用吗"作为标题。

_____

四、悬梁刺股（xuán liáng cì gǔ）

（一）成语释义

战国的时候，苏秦去秦国游说失败了。回来后，家人很看不起他，于是他发奋学习，阅读各种书籍。夜晚，家人都睡了，苏秦却仍在读书，每当困倦的时候，就拿着锥子刺一下自己的大腿，用痛感消除困意。此即"刺股"。

汉代的孙敬也是一个十分好学的人。夜里读书的时候，为了消除困意，他想出了一个办法：用绳子将头发系在屋梁上。如果困倦打瞌睡低头，绳子就会拉疼头皮，能让他立刻清醒过来。此即"悬梁"。

悬：挂。股：大腿。悬梁刺股的意思是：将头发用绳子悬于梁，用锥子刺大腿。形容非常刻苦努力地学习、研究等。

"刺股"（左）与"悬梁"（右）

（二）用法示例

1. 有的同学为了期末考试特别努力，悬梁刺股，挑灯夜战，但这样做的结果往往会导致白天的学习效率低下，并不值得提倡。

2. 还有几天就要交毕业论文了，他拖拖拉拉还没有完成，现在不得不悬梁刺股，日赶夜赶。

3. 高考结束了，悬梁刺股的学子们终于可以暂时放下书本，度过人生中难得的一段放松日子。

4 这个研发团队以悬梁刺股的精神，加班加点工作，终于获得了巨大进展。

（三）运用练习

1. 判断下列句子中的"悬梁刺股"是否使用正确。

（1）为了准备明天的乒乓球比赛，他悬梁刺股，抓紧时间练习。（　）

（2）你说的这些话太让他难受了，简直有一种悬梁刺股的感觉。（　）

（3）最近他赶着完成一部书稿，不得不悬梁刺股，熬夜写作。（　）

（4）为了减肥，他每天都悬梁刺股运动。（　）

（5）大多数教育专家认为，一天到晚伏案学习不是提高成绩的好方法，悬梁刺股更是没有必要，重要的是提高学习效率。（　）

2. 使用"悬梁刺股"改写下列句子。

（1）为了获得奖学金，她每天都认真刻苦，发奋学习。

_____

（2）她下个月同时要参加 HSK6 级考试和 HSKK 高级考试，现在不得不抓紧一切时间，熬夜努力学习。

_____

五、闻鸡起舞（wén jī qǐ wǔ）

（一）成语释义

晋代的祖逖和好友刘琨有着共同的理想：建功立业，报效国家。一次，祖逖在梦中听到公鸡的叫声，就叫醒刘琨，对他说："咱们以后听见鸡叫声就起床练剑怎么样？"刘琨同意了他的提议。于是，他们每天都在鸡叫之后起床练剑，从不间断。经过长期的刻苦学习和训练，两个人终于成为国家的栋梁。

闻：听见。鸡：公鸡打鸣的声音。起舞：起来舞剑。闻鸡起舞的意思是：清晨听到公鸡打鸣的声音就起来练习舞剑。形容有志者勤奋苦练。

闻鸡起舞

（二）用法示例

1. 为了成为一位优秀的舞蹈家，她几乎每天闻鸡起舞，别人还在睡梦中的时候她就开始练习。

2. 这位画家接受记者采访时说，十几年来他已经养成了闻鸡起舞练习作画的习惯。

3. 那些闻鸡起舞的运动员，每天清晨坚持训练，汗水洒满了练习场，真让人佩服。

（三）运用练习

1. 说一说为什么下列句子中"闻鸡起舞"使用不正确。

（1）向闻鸡起舞的清洁工人致敬。

（2）有的工作需要闻鸡起舞，非常辛苦。

（3）明天就要开学了，他的寒假作业还没写完，今天不得不闻鸡起舞赶作业。

2. 结合下列句子中成语正确或者错误的使用情况,说一说 "悬梁刺股" 与 "闻鸡起舞" 的区别。

(1)这位武术爱好者每天都闻鸡起舞,辛苦训练。√

(2)这位武术爱好者每天都悬梁刺股,辛苦训练。×

_____

3. 根据下列提供的材料,使用 "闻鸡起舞" 写一个句子。

小丁特别喜欢武术,每天清晨 5 点,她都会准时起床,简单地吃完早饭后,就赶到公园里的小广场开始练习武术。

_____

六、杯弓蛇影(bēi gōng shé yǐng)

(一)成语释义

乐广有一个好友,分别很久都没见到他再来。乐广询问他不来的原因,友人说:"前些日子来你家做客,正端起酒杯要喝酒,看见杯中有一条小蛇,心里十分恶心。喝了那杯酒后,就得了重病。"当时朋友坐着喝酒,旁边的墙壁上挂着一张弓,乐广猜想杯中的小蛇应该就是弓的影子。于是他请那位朋友在原来的地方饮酒,对朋友说:"酒杯中是否又看见了什么东西?"朋友说:"看到的跟上次一样。"乐广就告诉他其中的原因,疑团解开之后,朋友之前的病也就好了。

杯弓蛇影

杯：杯子。弓：射箭或发弹丸的器械。影：影子。杯弓蛇影的意思是：把倒映在酒杯里的弓的影子误认为是蛇。比喻把想象出来的坏事情或者坏结果，误作真实的一种恐惧心理。

（二）用法示例

1. 自从算命先生跟他说最近会发生车祸之后，他就整天杯弓蛇影，担心车祸会真的发生在自己身上。

2. 非洲猪瘟没有想象的那么可怕，你无须杯弓蛇影，连一点儿猪肉都不敢吃。

3. 现在的鸡蛋检查已经很严格了，不必担心吃到带菌鸡蛋，你每次说怕吃到带菌鸡蛋，真是杯弓蛇影。

4. 不要瞎说，刚才明明是刮风的声音，怎么可能有鬼，一定是你昨晚看了一部鬼片，才会有杯弓蛇影的感觉。

（三）运用练习

1. 选择填空。

A. 只是轻微的摔伤　　　　B. 自己会残疾

C. 自己的银行卡也会被盗刷　　D. 连续发了几天烧

E. 自己得了癌症　　　　　F. 有人银行卡被盗刷

H. 杯弓蛇影

（1）他听说 _____，就整天 _____，担心 _____。

（2）小王 _____，因为 _____，就以为 _____。

（3）你的腿 _____，没有必要 _____，担心 _____。

2. 使用"杯弓蛇影"完成下列句子。

（1）你只是普通感冒而已，_____。

（2）他靠近泳池就感觉自己会溺水，_____，与他小时候溺过水有关。

（3）看清楚，那只是块石头而已，_____。

3. 将下列成语补充完整，并选择填空（可重复选择）。

A. 老马 ____　　B. 完璧 ____　　C. ____ 请罪

D. __ 梁 __ 股　　E. __ 鸡 __ 舞　　F. 杯弓 ____

（1）比喻把想象出来的坏事情或者坏结果，误作真实的一种恐惧心理。____

（2）比喻将原物完好无损地归还给借主或者物主。____

（3）形容非常刻苦努力地学习、研究等。____

（4）形容真心诚意地向他人道歉。____

（5）形容有志者勤奋苦练。____

（6）形容有经验的人对事情比较熟悉。____

（7）你别慌，这不是地震，是那小孩在摇晃桌子，没有必要 ____。

（8）他来问我借东西的时候特地承诺了，一定会将物品 ____。

（9）当别人还在睡觉的时候他已经 ____，投入到学习中了。

（10）还好你 ____，不然我们可能很难渡过这个难关。

中国文化知识（五）

中国传统建筑

中国传统建筑可以分为宫殿、坛庙、寺观、民居和园林等不同类型。与西方传统建筑多采用石料不同，中国传统建筑以木材、砖瓦为主要材料，木构架结构是主要的结构方式，各个构件之间的结点通过榫卯相吻合，构成富有弹性的框架。榫卯是中国古代建筑、家具及其他器械的主要结构方式，是在两个构件上采用凹凸部位相结合的一种连接方式，凸出部分叫榫，凹进部分叫卯，其特点是在物件上不使用钉子。利用榫和卯加固物件，是中国古人智慧的体现。

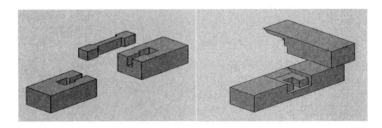

榫卯示意图

中国传统建筑从普通民居到宫殿，基本上都维持封闭形状，例如北京的四合院、上海的绞圈房子、福建的土楼等等，显示出祈求和谐安定的意识。另一方面，传统院落多采用中轴对称布局，又体现出对于平衡稳定的追求。其中北京四合院通常一个院子四面建有房屋，通常由正房、东西厢房和倒座房组成，从四面将庭院合围在中间。"口"字形的称为一进院落；"日"字形的称为二进院落；"目"字形的称为三进院落。三进院落的四合院，是明清时期最标准的四合院结构，民间大量采用。

北京故宫是明清两代的皇宫，是中国传统宫殿建筑艺术精品代表。故宫是目前世界上现存规模最大、保存最为完整的木质结构古建筑。建筑分为外朝和内廷两部分，共有大小宫殿 70 多座，房屋 9000 余间。外朝的中心为太和殿、中和殿、保和殿，统称三大殿，是皇帝举行典礼和发布命令的地方；内廷的中心是乾清宫、交泰殿、坤宁宫，统称后三宫，是皇帝和皇后居住的正宫。

第三节　谋士与文人

狡兔三窟 / 高枕无忧　毛遂自荐 / 脱颖而出　江郎才尽
磨杵成针　胸有成竹

一、狡兔三窟（jiǎo tù sān kū）/ 高枕无忧（gāo zhěn wú yōu）

（一）成语释义

孟尝君派门客冯谖到薛地去讨债，冯谖让所有欠钱的人不用还钱，替孟尝君买了个"义"的好名声。后来孟尝君被齐王罢官回到薛地，那里的人民都非常欢迎他。冯谖对孟尝君说："兔子需要有三个洞藏身，才能避免被猎人猎杀的危险。您现在住在薛地，就好像兔子只有一个洞，是很危险的，您现在还不能把枕头垫高安心地睡觉。"

不久，冯谖去见梁惠王，告诉他如果能请孟尝君这样有能力的人来辅助治理国家，梁国一定能变得更强盛。梁惠王果然派人请孟尝君到梁国担任重

狡兔三窟（左）与高枕无忧（右）

要官职。这个消息传到齐王那里，他赶紧恢复了孟尝君的职位。

之后，冯谖又让孟尝君向齐王提出在薛地建造宗庙供奉先王祭器的请求。这样，由于齐王派兵保护，薛地就不会再受到侵袭。宗庙建成后，冯谖对孟尝君说："三窟已成，现在您可以高枕无忧了！"

"狡兔三窟"和"高枕无忧"都是冯谖给孟尝君作的比喻。狡：狡猾。狡兔三窟的意思是：狡猾的兔子准备好几个藏身的窝。比喻有多处藏身的地方或者多种逃避不利情况的准备。枕：枕头。高枕无忧的意思是：垫高了枕头睡觉，无忧无虑。比喻平安无事，不用操心，不用担忧。

（二）用法示例

1. 我们公司的业务员挪用了几十万元公款用于炒股，事发后，他狡兔三窟，东躲西藏，后来在朋友的劝说下才投案自首。

2. 办案的警察侦查之后发现，这个电信诈骗团伙竟有6处办案窝点，其中有3处在宾馆中，3处在租用的民房里，果然是狡兔三窟。

3. 个人理财投资要学会"狡兔三窟"，通过分散投资来规避风险，也就是说不能把所有的资产都放到一种理财产品里。

4. 有的患者以为打了高血压疫苗就可以高枕无忧，不用吃降压药了，其实是对这种疫苗的误解。

5. 虽然我们县目前已经脱贫致富，但是并不能高枕无忧。

6. 他以为把这件事情解决之后就可以过上高枕无忧的生活，现在看来这样的想法真是太天真了。

（三）运用练习

1. 请写出冯谖为孟尝君布置的"三窟"。

（1）一窟：＿＿＿＿＿＿＿＿＿＿＿＿＿＿＿＿＿＿＿＿＿＿

（2）二窟：＿＿＿＿＿＿＿＿＿＿＿＿＿＿＿＿＿＿＿＿＿＿

（3）三窟：＿＿＿＿＿＿＿＿＿＿＿＿＿＿＿＿＿＿＿＿＿＿

2. 根据下列材料，使用"高枕无忧"完成下列句子。

该国跳水队曾经被称为"梦之队"，但是目前男子项目无论是跳台还是跳板都存在问题；女子项目中，虽然女子跳板比较稳定，但是女子跳台选手面临更新过快的问题。可见，_____。

3. 请给下列的漫画选择恰当的标题。

A. 荣誉面前不应高枕无忧　B. 诈骗分子狡兔三窟　C. 找对租客高枕无忧

（1）　　　　　（2）　　　　　（3）

（1）_____（2）_____（3）_____

4. 选择"狡兔三窟"或者"高枕无忧"填空。

（1）有的犯罪分子以为只要_____，就能_____，实际上根本逃不过法网恢恢。

（2）有些人梦想着有一天能和有钱人结婚，在他们看来，如果能这样后半生就能_____了。

（3）他把自己的私房钱一部分藏在床底，一部分藏在衣柜里，一部分藏在书架上，虽然"_____"，最终还是全部被老婆发现了。

二、毛遂自荐（máo suì zì jiàn）/脱颖而出（tuō yǐng ér chū）

（一）成语释义

秦军包围赵国首都邯郸之时，平原君赵胜要去楚国求兵解围。他把门客召集起来，想挑选20个文武全才一起去。门客毛遂推荐了自己，一开始被平原君拒绝，理由是如果毛遂有才能，应该早就被发现了，就像锥子放在布袋里，锥尖就立刻显露出来。毛遂就说如果平原君早把他放进布袋里，不止锥尖，整个锥子都会显露出来。

毛遂自荐

毛遂：平原君一个门客的名字。自荐：自己推荐自己。毛遂自荐的意思是：毛遂自己推荐自己。比喻不经过别人介绍，自我推荐担任某一项工作。"锥子放进布袋里，锥尖显露出来"的比喻，产生了另一个成语：脱颖而出。脱：脱离。颖：锥子尖的部分。出：显露。脱颖而出的意思是：锥尖透过布袋显露出来。比喻得到机会使本领全部显露出来，从而受到重视。

（二）用法示例

1. 王明明毛遂自荐担任我们班的学习委员，同学们觉得怎么样？
2. 李总需要一个人陪同去洽谈项目，我建议你向他毛遂自荐。
3. 公司里现在有新的项目需要人具体负责，欢迎大家毛遂自荐。
4. 他从竞争激烈的主持人大赛中脱颖而出，成为中央电视台的知名主持人。
5. 高质量的包装设计可以帮助产品脱颖而出，吸引消费者的目光。
6. 这次智能手机展会上，脱颖而出的一款手机设计非常独特。

（三）运用练习

1. 判断下列句子中"毛遂自荐"或者"脱颖而出"的使用是否正确。

（1）我帮我的朋友向您毛遂自荐，他毕业于名牌大学的中文系，非常优秀。（　）

（2）你非常适合负责这个项目，不如直接向总经理毛遂自荐吧。（　）

（3）领导征求大家对公司未来发展的建议，我毛遂自荐了一个建议。（　）

（4）他小学到中学表现都很一般，直到进入大学之后才从众多学生中脱颖而出。（　）

（5）给我们发表演讲的是一位脱颖而出的青年科学家。（　）

（6）帮助年轻人尽快脱颖而出，是我们应该做的。（　）

2. 根据下列材料，使用"毛遂自荐"写句子。

本市约4000名"老外"因不会说中文而遭遇困难。很多市民得知此事后，纷纷给记者和本报热线打来电话，希望可以做"老外"的语言老师，有的甚至乐意志愿给"老外"义务培训。

3. 根据下列材料，使用"脱颖而出"写句子。

"双十一"即将到来，这家电商重磅推出购物每满200元减30元"跨店满减"活动，报名商品将在商城首页、购物车、商品详情页等多个商城的黄金资源位获得展示机会，助力商品在"双十一"的流量洪峰中第一时间被消费者关注到。

_____

三、江郎才尽（jiāng láng cái jìn）

（一）成语释义

江淹是南北朝时有名的文学家，他年轻的时候很有才气，文章写得非常好，可是年纪大了以后却写不出任何东西了。因此，当时出现了关于江淹写不出好文章原因的传闻：有一天，江淹做了一个梦，梦中有一个叫郭璞的人对他说："我有一支笔放在你那里已经很多年了，现在应该还给我了。"于是江淹从怀中掏出一支五色笔，还给了郭璞，此后就失去了文学创作的才华。

江郎才尽

江郎：南北朝时期文学家江淹。尽：完了，没有了。江郎才尽的意思是：江淹年纪大的时候，文思衰竭，才气不见了。比喻文思枯竭或者才华用尽。

（二）用法示例

1. 这家公司的研发者江郎才尽，自从3年前那款热销产品之后就再也没有推出什么新的产品。
2. 写出这么好的剧本，你居然还说自己江郎才尽了？是在开玩笑吧？
3. 那位知名作家很长时间都没有作品问世，看起来真的是江郎才尽了。

4. 他是一名音乐制作人，以往的作品非常受欢迎，但最近所推出的作品水平都不怎么样，给人江郎才尽的感觉。

(三) 运用练习

1. 判断下列句子中"江郎才尽"的使用是否正确。

（1）他对公司的经营江郎才尽，所以最后公司破产了。（ ）

（2）这位服装设计师近两年设计的衣服，每一个季度的款式都差不多，似乎已经江郎才尽了。（ ）

（3）这家公司江郎才尽，再也没有推出什么新的产品。（ ）

（4）这个导演的第一部电影作品票房不怎么样，他看起来是江郎才尽了。（ ）

（5）因为很长时间只能写出江郎才尽的作品，这位诗人觉得非常痛苦。（ ）

2. 使用"江郎才尽"完成下列句子。

（1）他怎么也写不出很好的旋律，开始担心_____。

（2）这位编剧创作过好几个精彩的剧本，但是最近的几个剧本水平一般，_____。

（3）这位作家年轻时的作品十分出色，但是现在的作品_____ _____。

（4）你放心吧，他_____，而是在等待时机。

四、磨杵成针（mó chǔ chéng zhēn）

(一) 成语释义

据说唐代著名诗人李白小时候很聪明，但非常贪玩。有一天，他在外面闲逛，遇见一位老婆婆正在反复磨一根铁棒，她告诉李白，自己要把铁棒磨成一根针。李白听了吃惊地问道："铁棒这么粗，什么时候才能磨好？"老婆婆笑着说："我每天不停地磨下去，铁棒就会越来越细，总有一天能把它磨成针的。"

杵：舂米或捶衣服用的棒子。磨杵成针的意思是：将铁棒磨成一根针。

比喻做事只要有恒心、有毅力，最终就能取得成功。

磨杵成针

（二）用法示例

1. 学者如果要做好学问，确实需要磨杵成针，坚持不懈，长期积累。

2. 考证学的论文写作需要花费大量的时间收集并且研读材料，必须以磨杵成针的韧劲对待。

3. "台上一分钟，台下十年功"，很多京剧表演艺术家能有今天的成就，与他们磨杵成针的练功精神密不可分。

4. 双面苏绣非常精美，不过，想要学好这门技艺，非得有磨杵成针的毅力不可。

（三）运用练习

1. 判断下列句子中"磨杵成针"的使用是否正确。

（1）那些总是磨杵成针的人，最后一定会取得成功。（ ）

（2）建设者用磨杵成针的毅力，终于完成了这座摩天大楼的修建工作。
（ ）

（3）书法是一门需要下细功夫、慢功夫、长功夫的艺术，需要磨杵成针的毅力。（ ）

（4）没有磨杵成针的团队合作精神，难以获得这样重大的研究进展。（ ）

2. 使用"磨杵成针"完成下列句子。

（1）他能在绘画上取得今天的成就，_____。

（2）美容美发师这个职业虽然看起来很容易，_____。

（3）你这么聪明，_____，成绩一定会更好的。

五、胸有成竹（xiōng yǒu chéng zhú）

（一）成语释义

北宋画家文同以画竹而知名。为了画好竹子，他在自己家的房前屋后种了很多竹子。他经常去竹林观察，竹子在不同季节、不同天气的形象都深深地印在了他的脑中。他只要提笔，平日观察到的竹子就立刻出现在眼前，心里已经有了成熟的竹子形象，因此，画出的竹子十分传神。

胸有成竹

成竹：成熟的竹子形象。胸有成竹的意思是：画竹子之前心里已经有了成熟的竹子形象。比喻做事之前已做好全面的准备或者有了完整的计划、拿定了主意。

（二）用法示例

1. 他看起来胸有成竹，应该是准备得非常充分。

2. 这次演讲比赛他准备得太匆忙了，与那些准备充分、胸有成竹的同学相比，演讲效果差得很远。

3. 为了这次研究生考试，他已经准备了一年的时间，考试当天，他胸有成竹地走进了考场。

4. 平时大量的阅读积累，让他在这次现场作文大赛中表现得胸有成竹。

（三）运用练习

1. 判断下列句子中"胸有成竹"的使用是否正确。

（1）您放心，我们一定会胸有成竹地完成任务。（ ）

（2）他胸有成竹地说："这次的项目我们肯定能拿到。"（ ）

（3）经过长时间的准备，他终于在这次比赛中成为一个胸有成竹的人。（ ）

（4）他胸有成竹、自信大方的表现，获得了评委们的一致认可。（ ）

2. 使用"胸有成竹"改写下列句子。

（1）参加这次比赛的同学们进行了充分的准备，因此大家看起来都很有把握。
_____

（2）因为课前已经认真地预习了两遍，所以老师提问的时候，他非常自信地告诉老师，这道题他会做。
_____

3. 将下列成语补充完整，并选择填空（可重复选择）。

A. 狡＿三＿　　B. 高枕＿＿　　C. 毛遂＿＿
D. ＿＿而出　　E. 江郎＿＿　　F. 磨＿成＿　　G. ＿有成＿

（1）比喻不经过别人介绍，自我推荐担任某一项工作。＿＿＿

（2）比喻平安无事，不用操心，不用担忧。＿＿＿

（3）比喻得到机会使本领全部显露出来，从而受到重视。＿＿＿

（4）比喻做事只要有恒心、有毅力，最终就能取得成功。＿＿＿

（5）比喻做事之前已做好全面的准备或者有了完整的计划、拿定了主意。＿＿＿

（6）比喻有多处藏身的地方或者多种逃避不利情况的准备。＿＿＿

（7）比喻文思枯竭或者才华用尽。＿＿＿

（8）即使你定好了目标，做好了充分准备，也不代表你就可以＿＿＿了。

（9）想在关键时候＿＿＿，离不开平时的积累与努力。

（10）他已经＿＿＿，再也拍不出好电影了。

（11）对于这次考试，她早已＿＿＿。

（12）他觉得这个角色特别适合自己，于是赶紧向导演＿＿＿。

中国文化知识(六)

中国传统医学

中国传统医学也就是人们常说的中医,在春秋战国时期初步形成,并通过长期医疗实践逐步发展成为特色鲜明的医学理论体系。古代著名的中医有扁鹊、张仲景、华佗、孙思邈、李时珍等。

中医理论体系中较为独特的就是"天人合一"的整体观以及"阴阳五行"的理论基础。"天人合一"的整体观指的是,人作为自然界的组成部分,疾病的发生与自然界的各种变化(如季节气候、地方区域、昼夜晨昏等)息息相关,人体各个组织、器官共处于一个统一体中,互相联系、互相影响。"阴阳五行"理论指的是,人由阴阳两大类物质构成,阴阳二气相互对立而又相互依存,一旦阴阳动态平衡受到破坏,就会呈现为病理状态。

中医通过"望、闻、问、切"方法探求病因,并根据人体内五脏六腑、经络关节、气血津液的变化,判断邪正消长,进而得出病名,使用中药、针灸、推拿、按摩、拔罐、气功、食疗等多种治疗手段,使人体达到阴阳调和,促进康复。

《黄帝内经》《难经》《伤寒杂病论》《神农本草经》被称为"中医四大经典",由明代名医李时珍撰写的《本草纲目》是古代中医药学著作的集大成者,成为当时最系统、最完整、最科学的医药学著作。

中医对周边国家的传统医学影响深远,随着时代的发展,在中国与周边国家携手共建人类卫生健康共同体的过程中,中医也将继续发挥其独特的作用。

《本草纲目》万历刻本插图

本章成语练习

选择合适的成语填空。

卧薪尝胆　一鼓作气　破釜沉舟　四面楚歌　三顾茅庐
望梅止渴　老马识途　完璧归赵　负荆请罪　悬梁刺股
闻鸡起舞　杯弓蛇影　狡兔三窟　高枕无忧　毛遂自荐
脱颖而出　江郎才尽　磨杵成针　胸有成竹

1. 自从高考模拟考试失利之后，他吸取教训，_____，立下了_____的决心，发誓要在高考中取得好成绩，考上理想的大学。为此，他每天_____，很早就去教室里自习，晚上也是挑灯夜战。最终经过一个多月的_____，他_____地走进考场，最终取得了非常优异的成绩，在全年级400多名学生中_____，被上海的一所知名大学录取。

2. 他买不起那个小区的房子，因此，他经常到小区周围逛一逛，某种程度上，也算是一种_____吧。

3. 这只是一条绳子，哪是什么蛇啊，没必要这样_____。

4. 不管是学习什么语言，都需要用_____的精神，持之以恒，才能学好学扎实。

5. 公司管理团队制定了许多应对方案试图减少金融危机造成的影响，但效果均不尽如人意，管理团队已经_____，而公司陷入了_____的境地。这时公司高层决定_____，高薪聘请一位资深经济学专家到公司担任首席顾问。这位专家善于将理论转化为实践，应对危机的经验非常丰富。高层希望他_____，能帮助公司顺利走出目前的困境。

6. 面对这件棘手的文物盗窃案，张警官主动_____，申请担任专案组组长。奈何犯罪分子_____，非常狡猾，张警官没能抓捕成功，于是向局长_____，保证一周之内侦破案件。在他的带领下，专案组刑警不懈努力，最终_____将4个原本还_____，认为自己成功逃脱的犯罪分子全部抓捕归案，被盗窃的文物也得以_____。

第四章　含义深刻的寓言故事

第一节　与物品相关的譬喻

拔苗助长　刻舟求剑　买椟还珠　南辕北辙　掩耳盗铃　自相矛盾

一、拔苗助长（bá miáo zhù zhǎng）

（一）成语释义

宋国有一个人因为担忧禾苗长不高，就把秧苗拔高了。他累得要命，回到家里，对家人说："今天累死我了！我帮助禾苗长高了。"他的儿子跑去看了看，发现禾苗都枯死了。

拔：拔高。苗：禾苗。拔苗助长的意思是：把禾苗拔高来帮助它成长。现在用这个成语来比喻办事情违反事物的客观发展规律，不仅没有达到目的，反而把事情弄得更加糟糕，也可以使用"揠苗助长"。

拔苗助长

（二）用法示例

1. 拔苗助长不但达不到预期的目的，反而会把事情搞砸。
2. 目前非常流行的儿童超前 AI 教育，实际上就是拔苗助长。
3. 学习外语要打好坚实的基础，不能拔苗助长。
4. 这么小的年纪就要让他学这学那，这种拔苗助长的培养方式不可取。

（三）运用练习

1. 判断下列句子中"拔苗助长"的使用是否正确。

（1）作为父母，一定不能拔苗助长孩子。（   ）

（2）现在有些家长竟然让孩子从小学就开始学习高等数学，这简直就是拔苗助长。（   ）

（3）有了政府的扶持，这个企业获得了拔苗助长的发展。（   ）

（4）你的拔苗助长现在已经让孩子感到非常不适应了。（   ）

（5）拔苗助长的教育方式让孩子们承受了很多压力。（   ）

2. 下列这两幅漫画讽刺的是一种什么社会现象，为什么使用"拔苗助长"作为标题？

_____

3. 使用"拔苗助长"完成下列句子。

（1）独角兽公司对经济拉动作用明显，重点培育独角兽公司并没有错，但如果不尊重客观规律，_____。

（2）医学上主要用于治疗矮小症的药物被一些家长滥用，严重影响了孩子正常的生长发育，_____。

二、刻舟求剑（kè zhōu qiú jiàn）

（一）成语释义

楚国有一个渡江的人，他的剑从船上掉到水里，他急忙用刀在船上刻了记号，说："这是我的剑掉下去的地方。"船靠岸停了，他从刻记号的地方下水寻找剑。船已经航行了，但是剑没有行进，像这样寻找剑，不是很糊涂吗？

舟：船。求：寻找。刻舟求剑的意思是：在船上刻下记号来寻找自己失落的剑。比喻做事情或者分析问题的时候，不能根据实际情况的变化而变化。

刻舟求剑

（二）用法示例

1. 买卖股票的时候，应该根据市场形势的变化灵活调整，千万不能刻舟求剑。

2. 现在大家都采用新技术来制造这种产品，他却还一直坚持使用老工艺，这种做法与刻舟求剑类似。

3. 近年来复兴传统文化的呼声越来越高，但如果认为通过复兴传统文化就能解决当今社会的所有问题，那就如同刻舟求剑一样可笑。

4. 网络主播与传统职业有所不同，如果以老眼光来评价这种新兴的职业，无疑就是刻舟求剑。

（三）运用练习

1. 使用"刻舟求剑"改写下列句子。

（1）10年前热门的专业现在已经成为冷门。

高考选择专业还是参考10年前的情况。

（2）过去父权社会中的传统观念是"女子无才便是德"。

在现代社会中还是这样要求女性。

_____

（3）现在大家都用手机即时聊天工具与班级学生交流沟通。

他一直坚持只使用公共邮箱。

_____

2. 阅读下列两则材料，并使用"刻舟求剑"进行评论。

（1）这家公司曾是世界最好的手机公司，但随着智能手机时代的到来，它仍以老眼光来评价世界手机市场，整体战略决策出现重大失误，从而导致了它的没落。

_____

（2）客观地说，我国的高等教育早已从"精英教育"扩大到"公民教育"，每年高校毕业生人数都超过一千万人，因此，高校毕业生找工作的时候应该根据实际情况的变化而调整好自己的心态与工作预期。

_____

三、买椟还珠（mǎi dú huán zhū）

（一）成语释义

有一个在郑国卖珠宝的楚国人，用名贵的木兰做了一个匣子，用香料熏制，用珠宝美玉和翠鸟的羽毛装饰。有个郑国人买下了匣子，却把匣子里面的珍珠还给了他。

椟：盒子。买椟还珠的意思是：买下了装珍珠的盒子，把珠子还给卖的人。这个成语用来形容迷惑于表面的华丽，而忽略了实际内容；也可以引申用来指商家为了获得利益，过分

买椟还珠

装饰外表，使外表的价值高于商品的价值。

（二）用法示例

1. 月饼行业买椟还珠日益严重，不少厂家重视月饼包装却不重视月饼本身质量的做法，导致月饼包装非常高档，但是口味却大不如前。

2. 发展数字藏品如果只关注技术而不重视内容的话，无疑就是买椟还珠。

3. 有些商品的包装成本已经超过产品价值，为了精美的包装或是独特的赠品而付款的行为，可谓是买椟还珠。

4. 如今不少商家为了吸引消费者购买产品，在包装上花了很大的功夫，专家提醒消费者，应该提高警惕，尽可能避免出现买椟还珠的情况。

（三）运用练习

1. 说一说下列这幅漫画讽刺的是一种什么社会现象？为什么使用"买椟还珠"作为标题？

2. 使用"买椟还珠"完成下列句子。

（1）这部电影有 172 位明星参演，很多观众观影时不断在电影中寻找自己熟悉的明星，某种程度上电影本身的故事内容无形中被这些明星的"明星效应"转移了，不客气地说，_____。

（2）近日，某知名快餐连锁店推出盲盒套餐，由于集齐整套盲盒至少需购买 6 份套餐，于是很多平台上衍生了"代吃服务"。以盲盒进行老品牌"年轻化"探索值得肯定，但是 _____。

四、南辕北辙（nán yuán běi zhé）

（一）成语释义

魏王想攻打邯郸，季梁听说后去见魏王，对他说道："今天我来上朝的时候，在大路上遇见了一个人，正在面朝北面驾着他的车，他告诉我说：'我想到楚国去。'我说：'您到楚国去，为什么往北走呢？'他说：'我的马很好。'我说：'您的马虽然很好，但这不是去楚国的路。'他说：'我的路费很多。'我说：'您的路费虽然多，但这不是去楚国的路。'他说：'我的车夫善于驾车。'这几个条件越好，就离楚国就越远啊。"季梁认为魏王功伐的行动越多，距离其大业越远，就像想到楚国去却向北走的人一样。

南辕北辙

南：往南。北：往北。辕：车杠，成语中指的是车。辙：车辆在路上压出来的痕迹，成语中指的是路。南辕北辙的意思是：本来是要向南去，但是车却往北行驶。比喻行动和目标正好相反，结果离目标越来越远。这个成语使用比喻义的时候应该注意对比，例如说的和做的、希望和实际等等。

（二）用法示例

1. 他希望提高自己的成绩，可是天天跟朋友们出去玩儿，他的愿望和做法可以说是南辕北辙。

2. 出台这项新政策是希望能降低老百姓的医疗费用，结果医疗费不降反升，可见有时候好的政策会与结果南辕北辙。

3. 父母通过"刷碗一次就给两块钱"的方式来培养孩子的"孝心",简直是南辕北辙。

4. 如果你只凭主观办事,不尊重客观规律,结果肯定是南辕北辙。

(三) 运用练习

1. 判断下列句子中"南辕北辙"的使用是否正确。

(1) 我和她的性格完全南辕北辙。( )

(2) 虽然她们俩是双胞胎,但是长相真的是南辕北辙。( )

(3) 他表达的意思和我们讨论的主题南辕北辙。( )

(4) 你再这样南辕北辙做下去,肯定不会成功。( )

2. 使用"南辕北辙"完成下列句子。

(1) 有的家长希望孩子独立自强,但是实际上在生活中却非常溺爱孩子,这样非常不利于培养孩子独立的品格,_____。

(2) 她的室友想要减肥,但又总是贪吃贪睡,_____。

(3) 你想上名牌大学,却连作业都不做,_____?

五、掩耳盗铃(yǎn ěr dào líng)

(一) 成语释义

范氏灭亡了,有个人趁机偷了一口钟,想要背着它逃跑,但是钟太大背不动。于是他用槌子把钟砸碎,砸钟的时候钟的响声很大,他害怕别人听到钟声来把钟夺走了,急忙把自己的耳朵紧紧捂住。

掩耳盗铃

掩耳：捂住耳朵。根据成语故事的来源，该成语应为"掩耳盗钟"，后来这个成语在历史演变过程中被说成了"掩耳盗铃"。掩耳盗铃的意思是：捂住自己的耳朵去偷铃铛。比喻遇到了问题、犯下了错误却自己欺骗自己的掩饰行为。

（二）用法示例

1. 你做了这件坏事就承认吧，别人都已经看见你做了，不要再掩耳盗铃了。

2. 这个地方为了应付上级检查，在植被缺失的山体上涂满绿色油漆，如此可笑的举动与掩耳盗铃没有区别。

3. 上课时他拿着一本书挡在前面打瞌睡，以为这样老师就看不见了，这种做法简直就是掩耳盗铃。

4. 调皮的弟弟不小心将爸爸的画稿弄脏了，为了不被发现，他画了只小猫来遮掩，家人们都被他这种掩耳盗铃的做法逗笑了。

（三）运用练习

1. 判断下列句子中"掩耳盗铃"的使用是否正确。

（1）《皇帝的新衣》中那个穿着"新衣"得意洋洋的皇帝，与掩耳盗铃没有区别。（　）

（2）他习惯了过掩耳盗铃的生活，一直活在谎言里。（　）

（3）你以为改成自己的名字，别人就不知道这是同学帮你写的作业了，这种做法简直就是掩耳盗铃。（　）

（4）她请你吃饭，完全是因为上次你帮了她的忙，根本就不是因为喜欢你，你掩耳盗铃也没有用。（　）

2. 使用"掩耳盗铃"完成下列句子。

（1）这件事情在网上已经闹得沸沸扬扬，当事方还试图通过水军来混淆视听，＿＿＿＿＿＿＿＿＿＿＿＿＿＿＿＿。

（2）小华为了不让老师发现自己的暑假作业没做完，把未完成的那几页给撕了，＿＿＿＿＿＿＿＿＿＿＿＿＿＿＿＿。

（3）林某因为闯红灯被电子警察拍照，他觉得只要把电子警察弄坏，违章记录就会全部消除了，于是他下车把电子警察敲碎。_____。

六、自相矛盾（zì xiāng máo dùn）

（一）成语释义

楚国有一个卖盾和矛的人，他首先夸耀自己的盾说："我的盾非常坚固，任何东西都不能穿破！"又夸耀自己的矛说："我的矛很锐利，任何东西都能穿破！"有人问他："如果用你的矛刺你的盾，会怎么样？"那人不能回答，周围的人都嘲笑他。

矛：长矛，进攻用的武器。盾：盾牌，防御用的武器。自相矛盾用来比喻言语或者行为前后不一致。

自相矛盾

（二）用法示例

1. 他刚才说的话前后自相矛盾，根本不可相信。

2. 她一面花很多钱买护肤品来美容，一面又抽烟喝酒熬夜，这样的做法完全就是自相矛盾。

3. 他自称是环保主义者，却每天都使用一次性用品，真是自相矛盾。

4. 你刚才说下午一直在家，但是现在又说下午出去和朋友喝茶了，这样自相矛盾的说法是想掩盖什么呢？

（三）运用练习

1. 用"自相矛盾"将下列分句分别连成一个句子。

（1）说自己很守时；上课总是迟到

_____

（2）说自己很节约；经常买奢侈品

_____

（3）说自己很不喜欢吃饺子；一下子就把一大碗饺子吃完了
_____

2. 根据下列两幅漫画，分别用"自相矛盾"和"南辕北辙"填空。

（1）　　　　　　　　　　　　（2）

（1）基金公司营销_____。

（2）降息之后的银行资金流向与预期目的_____。

3. 选择"南辕北辙"或者"自相矛盾"填空。

（1）你一面去健身房运动减肥，一面又贪吃贪睡，这不是_____吗？

（2）他的家在那边，如果你要去他的家却往这边走，就是_____了。

（3）你刚才不是说你要多存钱少购物吗？现在怎么又在购物网站"剁手"呢？这不是_____吗？

（4）你希望拿到奖学金，却又总是偷懒不好好学习，你的想法和做法简直_____。

（5）这个健康公众号的说法真是_____，前些天说"饭后散步"有利于身体健康，今天说"饭后静卧"有利于身体身体健康。

（6）他又说要去电影院看电影，又打开电脑放电影，简直是_____。

4. 请你说一说下列成语与什么物品相关，并分别使用这些成语写一个句子。

（1）拔苗助长（　　　）_____

（2）买椟还珠（　　　）_____

（3）南辕北辙（　　　）_____

（4）自相矛盾（　　　）_____

（5）掩耳盗铃（　　　　）_____
（6）刻舟求剑（　　　　）_____

中国文化知识（七）

中国传统绘画

中国传统绘画称为"中国画"，简称"国画"，主要工具是毛笔和水墨。用毛笔绘画是中国画最主要和最基本的技法。毛笔柔软灵活，用它来画线造型、构图设墨、施彩着色，接近于书法，故有"书画同源"的说法。

中国画强调"以形写神""形神兼备"，"形"指外部的形象、形态，"神"指精神、情趣、人格等，一般一次绘制成功，不像西方的油画可以修改覆盖，还可以刮去重新画，所以要求画家必须意在笔先，下笔缘由出处要精准。中国绘画按照画法，有工笔、写意、兼工带写之分；按照着色，有白描、水墨、设色之分；按照内容，有山水、人物、花鸟之分。中国古代著名的山水画有王希孟的《千里江山图》、黄公望的《富春山居图》等，人物画有顾恺之的《洛神赋图》、顾闳中的《韩熙载夜宴图》等，花鸟画有黄筌的《写生珍禽图》、徐熙的《石榴图》等。

近代中国的传统绘画在中西交融的基础上出现了许多著名画家，例如吴昌硕、齐白石、潘天寿、黄宾虹等等。其中吴昌硕擅长大写意花鸟画，用色

齐白石《墨虾》

方面打破古人传统，以鲜艳的重颜色形成强烈的视觉对比，将菜蔬果品引入国画中，极富生活气息；齐白石开创了"红花墨叶"的画法，绘画以纯朴的民间艺术风格与传统的文人画风相融合，与吴昌硕并称"南吴北齐"，代表作有《墨虾》《蛙声十里出山泉》等。

第二节　与人物相关的譬喻

东施效颦　邯郸学步　杞人忧天　塞翁失马　愚公移山　郑人买履

一、东施效颦（dōng shī xiào pín）

（一）成语释义

西施心口痛，皱着眉头走在村子中。一个丑女看见了觉得她很美，回村的时候也捂着自己的心口皱着眉头。富人看见了丑女这样的模仿举动，牢牢地关着大门不出去；穷人看见了，带着妻儿快速地离开。丑女知道皱眉头会很美，却不知道皱眉头为什么会美。

东施：泛指丑女。效：仿效、模仿。颦：皱眉。东施效颦的意思是：丑陋的人模仿美人皱眉的样子。比喻生搬硬套，不但模仿不好，反而出丑。

（二）用法示例

1. 看到时尚杂志中模特优雅的妆容，完全不适合这种化妆方式的她也东施效颦，结果可想而知。

2. 现在很多粉丝都盲目地崇拜和模仿自己的偶像，结果往往是东施效颦。

3. 她气质不好，长相一般，却喜欢模仿明星的穿着打扮，那种东施效颦的感觉让人觉得挺可笑的。

4. 近来翻拍剧成功的不多，甚至出现翻拍剧口碑"扑街"的情况，例如那部悬疑剧翻拍版的剧评网站评分只有 2.9 分，成为东施效颦的典型例子。

（三）运用练习

1. 阅读下列材料，使用"东施效颦"进行评论。

（1）西部一些城市在教育体制没有完全配套、适应的情况下，就直接照搬一些东部沿海地区的教育项目。

_____

（2）一些新组队的偶像团体经常模仿当红明星，但是由于外形气质、演出风格等各方面条件相差太远，模仿的效果很不好。

_____

2. 使用"东施效颦"完成下列句子。

（1）过去我国很多大城市一味地参照"现代建筑风格"建设，拆除了许多有特色的中国传统建筑，_____。

（2）她模仿自己喜欢的明星模样去整容，结果却非常不理想，_____。

二、邯郸学步（hán dān xué bù）

（一）成语释义

燕国寿陵有个少年，听说赵国邯郸人走路的姿势特别优美，于是来到邯郸学习当地人走路的姿势。结果，他不仅没有学到邯郸人走路的姿势，还把自己原来走路的姿势也忘记了，最后只好爬着回去。

邯郸：地名，赵国都城。邯郸学步的意思是：模仿邯郸人走路的样子学习走路。比喻一味模仿别人，不但没学到别人的长处，反而把自己的优点和本领也丢掉了。

邯郸学步

（二）用法示例

1. 我们在进行教育改革的时候，可以借鉴外国的先进经验，但是千万不要邯郸学步。

2. 最近一些服装品牌效仿外国品牌的"快时尚"模式，因为未能学到其中的精髓，所以不仅没有了原来自身的特色，而且为"快"所累，这就是典型的邯郸学步。

3. 这家公司为了进军海外市场，盲目地采用外国企业的经营方式，犯了邯郸学步的错误，结果反而导致其失去了国内外消费者的青睐。

4. 这个国家的足球队曾经有过自己的特色和优势，但后来先是学习A国，然后又效仿B国，邯郸学步的结果就是不仅没有进步，反而丢掉了自身的优点。

（三）运用练习

1. 阅读下列材料，使用"邯郸学步"进行评论。

　　某地投资20亿元，模仿外省的著名景观建筑在当地建造了一座类似的宫殿。其实，这个地方有很多不错的旅游景区，与其花重金打造"山寨"景点，不如大力发展具有当地特色的旅游业。

_____

2. 根据下列内容，使用"邯郸学步"写句子。

（1）发展旅游经济

　　借鉴成功的经验

　　不根据实际情况全部照搬

_____

（2）直播带货兴起

　　一味模仿当红主播

_____

3. 选择"邯郸学步"或"东施效颦"填空。

（1）他特别爱模仿歌星唱歌，但是又唱得不好，每次唱歌都让人感觉是_____。

（2）如果不结合实际情况，一味学习国外大企业的管理经验，那就会犯_____的错误。

（3）这种不顾自身的特点而模仿明星穿着打扮的做法，成了_____。

（4）中国的建筑设计如果盲目地_____，就会失去中国原有的传统特色。

三、杞人忧天（qǐ rén yōu tiān）

（一）成语释义

杞国有一个人，担忧天会塌下来地会陷下去，自己无处存身，整天睡不好觉吃不下饭。又有一个为他的忧愁而担心的人去开导他，跟他说天不过是积聚的气体，地不过是堆积的土地。经过开导，这个杞国人才放下心来。

杞人忧天

杞人：杞国的一个人。忧天：担心天会掉下来。杞人忧天的意思是：杞国的一个人整天担心天会掉下来。比喻完全没有必要的担心和忧虑。

（二）用法示例

1. 这个地区地势高，即使下大雨，也不会发生水灾的，你完全不必杞人忧天。

2. 这孩子3岁了还不会说话，或许他的父母对他大脑发育的担心并非杞人忧天。

3. 因为所谓的"玛雅人世界末日预言"，快到2012年的时候，有一些人整天杞人忧天，担心地球会毁灭。

（三）运用练习

1. 阅读下列材料，使用"……，并非杞人忧天"的句型进行概括总结。

一份报告指出，上海沿海的海平面近30年来上升了115毫米，高于全国沿海平均的90毫米。有专家据此指出，从理论上说，若不采取积极措施，上海近海的一些土地，在2050年就将面临被海水侵入的危险。

_____

2. 根据下列内容，使用"杞人忧天"写句子。

（1）A 平时学习努力

已经为考试做了充分准备

他担心这次考试成绩不好

_____

（2）自然灾害导致全球粮食减产

疫情影响出口运输

部分地区出现粮食紧缺甚至饥荒

_____

3. 选择"杯弓蛇影"或者"杞人忧天"填空。

（1）她今年23岁，没有找到合适的男朋友，于是担心以后会孤独一生，我觉得这有一点儿_____。

（2）因为担心食品质量问题，这也不敢吃那也不敢吃，我觉得这是_____。

（3）地球平均气温逐年升高引发了南极冰川的融化，几百年之后海平面上升导致某些城市被淹没，这或许并不是_____。

（4）为了防控呼吸道传染病，戴口罩是必需的，并不是_____。

四、塞翁失马（sài wēng shī mǎ）

（一）成语释义

靠近边境的地方有一个老人擅长推测吉凶，他家的马无故跑到了胡人的住地，人们都来安慰，老人说："这为何不会是一种福气？"过了几个月，那匹马带着胡人的良马回来了，人们都来祝贺，他说："这说不定就是一种灾祸呢。"老人的儿子喜欢骑马，结果从马上摔下来，摔断了大腿，人们都来慰问，老人说："这为何不会是一种福气？"过了一年，胡人入侵边境，成年男子都参军作战，绝大部分都战死了，而这个老人的儿子因为腿摔断了无法参军，得以保全性命。

塞翁失马

塞翁失马的意思是：住在边塞的一位老人丢失了一匹马。比喻虽然暂时受到损失，却可能因此得到好处；也指坏事在一定条件下可变为好事。常用来自己安慰自己，或者是安慰他人。也可以"塞翁失马，焉知非福"一起连用。

（二）用法示例

1. 他出门时不小心扭伤了脚，不得不改乘下一趟大巴，却因此没有碰上那场严重车祸，这真是塞翁失马。

2. 她错过了 A 大学的研究生申请时间，不得不改为申请 B 大学试一试，没想到居然成功了，B 大学比 A 大学更好，也许这就是我们平时常说的塞翁失马吧。

3. 你别担心，虽然失去了这次机会，但是塞翁失马，你或许还有更好的机会呢？

4. 他没通过这次面试，心里非常难过，朋友安慰他说："塞翁失马，说不定后面会有更好的公司等着你。"

（三）运用练习

1. 判断下列句子中"塞翁失马"的使用是否正确。

（1）在工作中，说不定会你会遇到一个坏上司。不过，塞翁失马，从职场管理学的角度而言，坏上司能教会你如何面对逆境，能激发你的潜能。

（　　）

（2）不好的事情都是暂时的，塞翁失马，说不定未来会有让你惊喜的好事发生。（　）

（3）虽然这次考试你考得不好，但是这只是塞翁失马而已，没关系的，下一次考试肯定能考好。（　）

（4）因为购买了保险，所以发生交通事故后，他得到了保险公司的赔偿，也许这就是塞翁失马吧。（　）

（5）警方在帮助失主追回被盗物品的时候，还抓到了一个长期在逃的犯人，确实可以用塞翁失马来形容。（　）

2. 根据下列内容，使用"塞翁失马"写句子。

（1）没有考上大学转而去创业

　　如今是几家公司的大股东

_____

（2）丢了原来的工作

　　找到了一份薪资待遇更好的工作

_____

（3）因为堵车没赶上飞机

　　这趟航班发生了事故

_____

（4）没申购到新发行的股票

　　第二天这只股票股价大跌

_____

五、愚公移山（yú gōng yí shān）

（一）成语释义

　　太行、王屋两座山，周围七百里，高七八千丈，本来在冀州南边，黄河北岸的北边。住在北山下面的愚公快90岁了，他苦于大山阻路，就召集全家人商量说要尽力挖平大山，家人纷纷表示赞同。于是愚公率领儿孙中能挑担子的人上了山，凿石挖土，用箕畚运到渤海边上。河曲智叟讥笑愚公，愚公却说子子孙孙无穷无尽，而山并不会增高，不怕山挖不平。河曲智叟没有话可以回答。

愚公移山的意思是：愚公依靠自己和家人的力量，不断挖山，想把阻碍出行的王屋和太行两座大山移走。比喻有坚定不移的精神和毅力，虽然知道困难很多，但是仍然迎着困难继续前进。

愚公移山

（二）用法示例

1. 我们村子因为被一座大山阻碍，每次出行都要绕一大圈，建设者们发扬愚公移山的精神打通了大山，修建了一条直通山外的路。

2. 中国足球发展需要一代又一代的足球运动员，以愚公移山的精神，通过不断的努力，来改变落后的现状。

3. "杂交水稻之父"袁隆平为了培育高产的杂交水稻，几十年如一日进行种植试验，是愚公移山精神在科学研究界的代表。

4. 工程队克服了塌方等诸多困难，一点一点地凿出了隧道，为万千过路者提供了方便，这种愚公移山的精神值得我们大家学习。

（三）运用练习

1. 判断下列句子中"愚公移山"的使用是否正确。

（1）他发扬愚公移山的精神，写完了今天的作业。（　）

（2）他完全就是一个愚公移山，我们应该向他学习。（　）

（3）盘山公路的建设者们是新时代愚公移山精神的代表。（　）

（4）人们的愚公移山精神，在太行山上修建了多条公路。（　）

（5）中科院院士曾庆存发扬愚公移山的精神，长期从事气象研究工作。2020年1月10日，他荣获国家最高科学技术奖。（　）

（6）他是个愚公移山的人，不管遇到什么困难都会迎难而上。（　）

2. 阅读下列材料，使用"愚公移山"进行评论。

（1）他是一个普通农民，20年前由零基础开始，通过听广播、背词典等方式自学外语，后来他当上大学老师，并且编写了好几本外语学习的图书。

_____

（2）为了创建全国卫生城镇，这个村的村民共同努力，花了半个月的时间，成功清运了堆积如山的垃圾。

_____

（3）经过3个冬春的艰苦奋战，这里的所有荒山基本实现绿化，为建设秀美山川、持续绿色发展跨出了可喜的第一步。

_____

3. 选择"磨杵成针"或者"愚公移山"填空。

（1）太行山上的挂壁公路是建设者们发扬_____的精神修筑的。

（2）对外国学生而言，学习汉语困难重重，学习过程中特别需要发挥_____的精神。

（3）杨师傅发扬_____的精神，持之以恒，终于练就了米粒微雕这门绝活。

（4）他发挥_____的精神，努力读书、思考与研究，经过5年的努力，终于获得了博士学位。

六、郑人买履（zhèng rén mǎi lǚ）

（一）成语释义

郑国有一个想要买鞋子的人，先量好自己脚的尺码，然后到集市上去买鞋。等到了集市，他才发现忘了带量好的尺码。虽然他已经拿到鞋子，却说："我忘记带量好的尺码了。"就返回家去取量好的尺码。等到他拿到尺码返回集市的时候，集市已经散了，最后他也没能买到鞋子。有人问他："为什么你不用自己的脚去试一试呢？"他说："我宁可相信量好的尺码，也不相信自己的脚。"

郑人买履

郑人：生活在郑国的一个人。履：鞋子。郑人买履的意思是：郑国的一个人去买鞋子。比喻照搬条文，不考虑客观实际的教条做法。

（二）用法示例

1. 处理人际关系的时候，千万不能郑人买履，完全都按照书本里的建议去做，肯定需要根据实际情况变通。

2. 有的父母带娃喜欢照搬书上提供的办法，而不注意根据孩子的各种变化调整，简直就是郑人买履！

3. 遇到了突发事件要懂得随机应变，如果只知道跟着指导手册上教的方法来行事，那就跟郑人买履没什么区别。

4. 晚上她突然起床去喝水，原来是因为她看到书上说一天喝8杯水有利于身体健康，今天还没有喝够8杯。这样的做法真是有点儿郑人买履的感觉。

（三）运用练习

1. 根据下列的材料，使用"郑人买履"进行评论。

（1）我的儿子只有2个月大，他在一次大哭之后，从眼角流出一滴眼泪来。我的先生见了很惊讶，他说育儿的书上讲过，孩子的泪腺要在出生3个月后才发育好，这之前是不会流眼泪的。于是，他怀疑地盯着儿子的眼泪说："难道你这滴眼泪是假的吗？"

_____

（2）我用微波炉做爆米花，把时间设置成4分钟30秒，而我爸爸却说应该按照食谱中的说明，把时间设置成4分钟50秒，这样味道才好。

_____

2. 选择"刻舟求剑"或"郑人买履"填空。

（1）如果完全按照这本《恋爱指南》中教的办法谈恋爱，却不根据实际情况变通，那就是_____啊！

（2）时代不同，还想用老方法解决新问题，那和_____有何区别呢？

（3）你一边看着烹饪书一边严格按照上面说的方法和计量做菜的样子，真的有点儿_____的感觉。

（4）现在大家都使用数码摄像机拍电影，这位坚持使用胶片摄影的导演，究竟是怀旧还是_____呢？真是不好评论。

3. 选择合适的成语填空。

东施效颦　邯郸学步　杞人忧天　塞翁失马　愚公移山　郑人买履

（1）我听老师说过，我们的女儿是一个非常优秀的学生，考试成绩也很理想，所以你不要_____，她肯定能考上理想的大学的。

（2）从外部引进新科技时，要选择性地引入，而不是_____，照搬照抄，这样我们永远无法创造出自己的东西。

（3）村民们发挥_____的精神，经过几年的努力，终于把水库建好了。

（4）做事情要灵活，不能只相信教条，否则会闹出_____的笑话。

（5）你别担心，失去这次机会，也许是_____，你或许还有更好的机会呢。

（6）他喜欢模仿喜剧演员说笑话，但是他说的笑话并不好笑，每次都让人感觉是_____。

中国文化小知识（八）

中国传统诗歌

中国是一个诗的国度，古代诗歌源远流长，诗歌是中国文学中最早成形的文学体裁，也发展得最为充分。

《诗经》是中国最早的诗歌总集，是中国诗歌的里程碑和源头，反映了西周到春秋时期几百年的历史面貌和生活状况，分为"风""雅""颂"三大部分。《楚辞》是中国最早的浪漫主义诗歌总集，由屈原及宋玉、东方朔等人创作，汉代刘向编辑成书，因其中的作品运用楚地（即现在湖南、湖北一带）的文学样式、方言声韵，表现楚地的风土物产，具有浓厚的地方色彩而得名。

汉代的乐府诗语言朴素自然，抒情融入叙事之中，文字简练，对盛唐时期的五言绝句的发展起到了铺垫作用。魏晋是文学自觉的时代，当时的文人诗歌以"建安七子""竹林七贤"和谢灵运、谢朓为代表，尤其谢灵运、谢朓，对唐代的山水田园诗影响很大。

唐代是中国诗歌发展的鼎盛时期，唐诗中有山水田园风光，有边塞羁旅生活，有民风民俗写照等等，体裁有五言古体诗、七言古体诗、五言绝句、七言绝句、五言律诗、七言律诗等，丰富多彩，既传承了古代乐府风格，又在此基础上发扬创新，融入了诗韵、格律等等。清代康熙年间编纂的《全唐诗》收录了2200多位诗人的作品，共计48900多首，其中包括许多今天脍炙人口的作品，以田园诗人王维，浪漫主义诗人李白，现实主义诗人杜甫、白居易，边塞诗人张九龄、王昌龄等为代表。

在宋代达到顶峰的词也是诗歌的一种重要形式。词的格式要依从一些固定的词牌，以便于配以乐曲演唱。宋词大致可分小令（58字以内）、中调（59—90字）和长调（91字以上，最长的词达240字）。一首词，有的只有一段，称为单调；有的分两段，称双调；有的分三段或四段，称三叠或四叠。宋词有的豪放不羁，词的意境雄浑壮阔，被后人称为豪放派，代表人物主要有苏轼、辛弃疾等；有的婉约清丽，词的意境柔美含蓄，被后人称为婉约派，代表人物主要有柳永、秦观、李清照等。

自元代开始，中国诗歌的黄金时期逐渐过去，戏曲、小说等其他文学形式开始日益兴盛。尽管如此，很多文人墨客还是通过诗歌写作吟唱来表现心中的思绪，例如清代词人纳兰性德就创作过不少流传广泛、扣人心弦的词作。

第三节　与动物相关的譬喻

对牛弹琴　画蛇添足　黔驴技穷　守株待兔　亡羊补牢　鹬蚌相争

一、对牛弹琴（duì niú tán qín）

（一）成语释义

公明仪善于弹琴，他为牛弹奏了一首名叫《清角》的琴曲，牛低着头吃草，就好像没听见任何声音一样。不是牛没有听见，而是这美妙的曲子不适合牛的耳朵。

对：对着。对牛弹琴的意思是：对着正在吃草的牛弹琴。比喻对一无所知的人谈论高深的道理，白费力气；也用来比喻说话或者提醒得不到预想的效果。

对牛弹琴

（二）用法示例

1.妈妈生气地说："写完作业再上网，我已经说过多少次了，你为什么不听？我在对牛弹琴吗？"

2. 你说的这些高深的哲学知识，对他来说就是对牛弹琴。

3. 我之前提醒过你那么多遍，结果你还是忘了把文件带来，看起来那些提醒都是对牛弹琴。

4. 如果要给小学生介绍天文知识，就应该多举例子，多用图片，少讲理论，否则就会陷入对牛弹琴的尴尬境地。

（三）运用练习

1. 判读下列句子中"对牛弹琴"的使用是否正确。

（1）他是一个特别喜欢给别人进行对牛弹琴的人。（　）

（2）你和10岁的孩子讲微积分，这是典型的对牛弹琴啊！（　）

（3）如果和这些想来听理财实际操作技巧的听众不停地讲经济学理论，就可能会使他们觉得自己在被别人对牛弹琴。（　）

（4）他完全不懂音乐，你还和他大谈古典音乐，这不就是对牛弹琴吗？
（　）

（5）跟他说了多少遍，结果还是一点反应都没有，我觉得自己真是对牛弹琴他。（　）

2. 下列这幅漫画讽刺了什么社会现象？说一说它使用"对牛弹琴"作为标题的原因。

二、画蛇添足（huà shé tiān zú）

（一）成语释义

楚国有个负责祭祀的官员，给了门客们一壶酒。门客们互相商量说："大家一起喝这壶酒不够，一个人喝这壶酒才有剩余。我们在地上画蛇，先画成的人喝酒。"一个人先完成了，拿起酒壶准备饮酒，不过他看到别人还没画完，就打算为蛇画上脚。他还没有画完，另一个人的蛇画好了，抢过他手中的酒壶，说："蛇本来就没有脚，你怎么能给它画脚呢？"于是把壶中的酒喝了下去。给蛇画脚的人，最终没能喝到那壶酒。

画蛇添足

添：增加。足：脚。画蛇添足的意思是：画蛇的时候给蛇画上脚。比喻多此一举，不但对事情没有帮助，反而会带来不利。

（二）用法示例

1. 本来这道论述题回答到这里是完全正确的，没想到他画蛇添足，多写了几句，结果被扣了分。

2. 我觉得刚才你的打扮正合适，戴上这条项链和这对手镯以后，反而有点儿画蛇添足。

3. 曾经有艺术家以各种姿势尝试为维纳斯雕像接上断臂，让它重新回归完整，但是无论怎么做都显得画蛇添足。

4. 有一段时间这条供汽车行驶的路面铺上了瓷砖以求美观，这种画蛇添足的做法，造成的结果就是路面使用不久很多地方就出现了破损。

（三）运用练习

1. 判断下列句子中"画蛇添足"的使用是否正确。

（1）他是一个画蛇添足的人，大家非常讨厌他。（　）

（2）上个月我一直因为画蛇添足了一些事情而苦恼。（　）

（3）我觉得家里的客厅挂一幅画就可以了，如果再增加一幅就显得画蛇添足了。（　）

（4）你的回答有点儿画蛇添足。（　）

（5）回答这道问题的时候，他差不多画蛇添足。（　）

2. 使用"画蛇添足"完成下列句子。

（1）你这幅画已经画得非常很完美了，_____。

（2）这件衣服上花里胡哨的设计，_____。

（3）这部小说的最后一章真是无聊，_____，差点儿毁了整本书。

三、黔驴技穷（qián lǘ jì qióng）

（一）成语释义

黔地没有驴，有一个多事的人用船运来一头驴，运到后却没有什么用处，就把它放在山脚下。老虎看到驴是个庞然大物，有些害怕，就躲藏在树林里偷偷看它。但老虎渐渐试探，终于发现驴并没有什么特殊的本领，更没有什么可怕之处，于是咬断了驴的喉咙，吃光了它的肉。

黔：现在"黔"是贵州省的简称，在唐代，"黔"指的是黔中道，包括

黔驴技穷

今天湖南、湖北、重庆、贵州的一部分。技：本领。穷：完了，没有了。黔驴技穷的意思是：黔地驴子的本领已经使用完了。比喻有限的本领、技能或者办法、手段等等已经使完了。

（二）用法示例

1. 智能手机近年来销量增速逐年递减，对于如何提升销量，有的厂商似乎已经黔驴技穷了。

2. 犯罪嫌疑人起初百般狡辩，最终黔驴技穷，不得不低头认罪。

3. 这个国家的总统上任之后，该国先后退出了一系列国际条约，这种对外政策上黔驴技穷的表现真是可笑。

（三）运用练习

1. 判断下列句子中"黔驴技穷"的使用是否正确。

（1）如果老板把员工都逼成黔驴技穷，大家就会纷纷反抗。（　）

（2）你不能让大家都变得黔驴技穷的样子。（　）

（3）他匆匆完成论文，对研究的课题了解不够深入，因此，论文答辩时表现得就好像黔驴技穷。（　）

（4）我相信你一定不会黔驴技穷的，加油吧！（　）

（5）面对这种不利的局面，她似乎已经黔驴技穷了。（　）

2. 使用"黔驴技穷"完成下列句子。

（1）面对现在内外交困的局面，他想不出任何办法，＿＿＿＿＿＿。

（2）这家公司此前已经因为严重的产品质量问题被重罚，现在又爆出非法获取其他公司商业机密的丑闻，＿＿＿＿＿＿＿＿＿＿。

（2）虽然他从事创意工作，但他总是不愿意听取别人的意见和建议，＿＿＿＿＿＿＿＿＿＿＿＿＿＿。

3. 选择"江郎才尽"或者"黔驴技穷"填空。

（1）他写的小说越来越没有意思，和以前几部水平差别太大了，看来已经＿＿＿＿＿＿。

（2）犯罪分子早已经＿＿＿＿＿＿，只能举手投降。

(3) 著名的填词人陈蝶衣一生填写了3000多首歌词,他似乎从来不会_____。

(4) 她这次想通过挑拨你和领导关系的方式,达到自己升职的目的,大概也是因为_____,别无他法了吧。

四、守株待兔(shǒu zhū dài tù)

(一) 成语释义

宋国有个农民,他的田地中有一个树桩,有一天一只跑得很快的兔子撞在了树桩上,折断脖子死了。于是,这个农民就放下他的农具守在树桩旁边,希望能再得到兔子。兔子不可能再次得到了,而他自己也被宋国人耻笑。

守:守候。株:树桩。待:等待。守株待兔的意思是:守在树桩旁边等着撞死的野兔。多用来比喻不主动努力,而是心存侥幸,希望得到意外收获。有时也可比喻死守狭隘的经验,不知变通。或者比喻在某个地点等着其他人前来,这时候一般需要加引号。

守株待兔

(二) 用法示例

1. 机会需要自己去争取,一直守株待兔,绝对不会成功。

2. 警方查到那名逃犯的藏匿地点以后,派了便衣警察在附近"守株待兔",不久后便逮住了他。

3. 自从上次在那条路上捡到100元后,他就天天到那里去看能不能再捡到钱,这种做法与守株待兔没有什么区别,万万不可取。

4. 那些在工作上守株待兔的人,绝不可能做成什么大事。

5. 家电公司改变过去守株待兔的做法,变成主动上门服务,不仅增加了收入,还赢得了消费者的好评。

(三) 运用练习

1. 判断下列"守株待兔"的使用是否正确。

(1) 你不可能总是遇到守株待兔。( )

(2) 今天晚上警察守株待兔犯罪嫌疑人,终于将他抓住了。( )

(3) 有的人抱着一种守株待兔的心态,梦想着靠买彩票中大奖发大财,最后可能会因此吃大亏。( )

(4) 机会需要自己去努力争取,一直守株待兔,绝对不会成功。( )

(5) 他梦想着过上守株待兔的生活。( )

2. 使用"守株待兔"完成下列句子。

(1) _____,好好工作挣钱吧,这辈子也不能靠中大奖发财的。

(2) _____,要踏实努力,抓住每一次机会。

(3) _____,警察终于在犯罪嫌疑家的楼下将他抓捕归案。

(4) _____,想着顾客会自动上门,这怎么能做好销售工作呢?

五、亡羊补牢(wáng yáng bǔ láo)

(一) 成语释义

庄辛对楚襄王说:"臣知道一句俗语:'见到兔子以后再放出猎犬去追并不算晚,羊丢掉以后再去修补羊圈也不算迟。'商汤王和周武王依靠百里土地,使天下昌盛,而夏桀王和殷纣王虽然拥有天下,却最终亡国了。现在楚国土地虽然狭小,然而如果截长补短,还能有数千里,岂止100里而已?"

亡:丢失。牢:关牲口的圈栏。亡羊补牢的意思是:羊丢失后修补羊

亡羊补牢

圈。比喻出了问题以后及时采取措施补救，避免再受到损失。有时候也说"亡羊补牢，为时不晚"。

（二）用法示例

1. 他论文第二次答辩也没有通过，估计只能拿结业证了，一直都不努力，亡羊补牢都来不及了。

2. 发生大规模的用户信息泄露事件后，这家公司加紧收购一家大型网络安全公司，希望通过此做法亡羊补牢，弥补受损的声誉。

3. 他年轻的时候大手大脚，后来开始节约起来，努力攒钱，现在也买了属于自己的房子，这真是亡羊补牢的现实例子。

4. 这家顺风车公司在发生了乘客遇害案件之后停运一周进行整改，增加一键报警、分享行程给紧急联系人、黑名单等功能，期待这些亡羊补牢的措施能给乘客增加安全保障。

（三）运用练习

1. 判断下列句子中"亡羊补牢"的使用是否正确。

（1）你这次考试没有好好准备，成绩不理想，如果以后亡羊补牢，努力查漏补缺，下次考试一定能取得好成绩。（ ）

（2）你这次考试没有好好准备，成绩不理想，如果以后能通过这件事情来亡羊补牢的话，下次考试就会取得好成绩。（ ）

（3）公司财务处被窃后，总经理立即安排在财务处门窗周围都安装摄像头，措施亡羊补牢之后，这里的安全果然加强了。（ ）

（4）他重新修补了屋顶，亡羊补牢，希望不要再造成损失了。（ ）

2. 选择"亡羊补牢"或"塞翁失马"填空。

（1）你不努力学习，没通过考试，今后必须_____，好好用功。

（2）我昨天丢失了一个64G的U盘，没想到今天的抽奖活动居然抽到了一个128G的，这真是_____啊。

（3）请各位用户放心，我们公司一定吸取这次事件的教训，_____，为大家提供更好的服务。

（4）这起事故发生后，游乐园采取了一些＿＿＿＿＿＿＿的措施，加强了安全管理。

（5）他被辞退后，反而找到了更好的工作，真是＿＿＿＿＿＿＿啊！

3. 结合"亡羊补牢"的意思说一说，下列这幅漫画为什么使用这个成语作为标题。

六、鹬蚌相争（yù bàng xiāng zhēng）

（一）成语释义

赵国将要攻打燕国，苏代为燕国去劝说赵惠王，他说了这样一个故事："今天我来的路上，经过了易水。看见一只河蚌正从水里出来晒太阳，一只鹬飞来啄它的肉，河蚌马上闭拢，夹住了鹬的嘴。鹬说：'今天不下雨，明天不下雨，就会有干死的蚌。'河蚌也对鹬说：'今天你的嘴出不去，明天你的嘴出不去，就会饿死的鹬。'它们不肯互相放弃，结果一个渔夫把它们一起捉走了。"

鹬：一种水鸟。蚌：河蚌。鹬蚌相争的意思是：鹬和蚌互相不肯让步。比喻双方相争，对彼此都没有什么好处，反而使第三方得利。有时候"鹬蚌相争，渔翁得利"

鹬蚌相争

在一起使用。

（二）用法示例

1. 你们是好朋友，为了这么一点儿小事就鹬蚌相争，太不值得了。

2. 我们是一个研究团队，一定要互相团结合作，千万不要出现鹬蚌相争的情况。

3. 这两个大国之间出现了贸易摩擦，周边小国不少产业与这两个大国都有关联，所以必定也会受到损失，鹬蚌相争，渔翁得利的局面不可能出现。

4. A公司与B公司因为商标纠纷打了两年官司，C公司趁机发展壮大，这真的是鹬蚌相争，渔翁得利。

（三）运用练习

1. 判断下列句子中"鹬蚌相争"的使用是否正确。

（1）你们几个人这样鹬蚌相争下去，最后会有什么好结果呢？（　）

（2）为了防止这次项目评审中出现鹬蚌相争的情况，我们需要提前做好协调工作。（　）

（3）他们围绕着这个问题，鹬蚌相争了很长时间。（　）

（4）他们两人不肯合作，鹬蚌相争，结果把机会留给对手了。（　）

（5）你们俩再继续吵下去的话，肯定鹬蚌相争。（　）

2. 使用"鹬蚌相争"或者"鹬蚌相争，渔翁得利"填空。

（1）今年夏天，两大纯净水公司降价促销，＿＿＿＿＿＿＿＿，结果让消费者享受了前所未有的低价福利。

（2）小王和小张之前为了获评优秀员工闹得不可开交，最后被评为优秀员工的人是小李，这可真是＿＿＿＿＿＿＿＿＿＿啊！

（3）兄弟两人在争夺继承权的过程中＿＿＿＿＿＿＿＿＿＿，互不相让，最后导致这家家族企业在市场竞争中走向了下坡路，被其他企业赶超。

3. 将下列成语补充完整，并选择填空（可重复选择）。

A. 对牛＿＿＿＿　　B. ＿株＿兔　　C. ＿羊＿牢

D. ＿蛇＿足　　E. 黔驴＿＿＿＿　　F. 鹬蚌＿＿＿＿

（1）比喻出了问题以后及时采取措施补救，避免再受到损失。＿＿＿＿

（2）比喻有限的本领、技能或者办法、手段等等已经使完了。＿＿＿＿

（3）比喻对一无所知的人谈论高深的道理，白费力气。＿＿＿＿

（4）比喻多此一举，不但对事情没有帮助，反而会带来不利。＿＿＿＿

（5）比喻双方相争，对彼此都没有什么好处，反而让第三方得利。＿＿＿＿

（6）比喻不主动努力，而是心存侥幸，希望得到意外收获。＿＿＿＿

（7）商场领导层决心从退货事件中吸取教训，采取措施＿＿＿＿，重塑形象。

（8）你和一个三岁小孩谈论深刻的人生道理，那就是＿＿＿＿。

（9）你们千万不要为了这么小的事情就＿＿＿＿。

（10）这部影片本来挺完美的，但加上最后这一段反倒是＿＿＿＿。

中国文化知识（九）

中国传统戏曲

中国传统戏曲以唱、念、做、打的综合表演为中心，由文学、音乐、舞蹈、美术、武术、杂技以及表演艺术综合而成，与希腊悲剧和喜剧、印度梵剧并称为世界三大古老的戏剧文化。

经过汉、唐到宋、金，中国戏曲形成了比较完整的戏曲艺术，此后在元明清继续发展。元代的主要戏曲形式是杂剧，标志着中国戏剧进入成熟的阶段，关汉卿的《窦娥冤》、马致远的《汉宫秋》与《赵氏孤儿大报仇》等是这一时期的著名作品。明清的主要戏曲形式是传奇，最著名的传奇作家是汤显祖，其代表作是著名的《牡丹亭》，这部剧作问世400余年以来，一直受到读者和观众的喜爱，"闺塾""惊梦"等片断还活跃在今天的戏曲表演舞台上。台湾作家白先勇曾经将汤显祖的《牡丹亭》改编为青春版昆曲《牡丹亭》，深受年轻观众欢迎。

经过长期的发展演变，中国传统戏曲逐步形成了以京剧、越剧、黄梅戏、评剧、豫剧五大戏曲剧种为核心的格局，其中京剧的影响最为广泛，被称为中国国粹之一，2010年被列入联合国教科文组织人类非物质文化遗产代表作名录。

京剧人物角色的行当分类有"生、旦、净、末、丑"，脸谱的颜色有着特殊的含义，白脸代表奸诈，如《赤壁之战》中的曹操；红色代表武勇，如《战长沙》中的关羽；黑色代表公正廉明，如《铡美案》中的包拯。《霸王别姬》中项羽的脸谱被称为"无双脸"，为楚霸王项羽专用。相传项羽是个美男子，但是因为他杀人无数、性情凶暴，画成花脸；又因为他是个悲剧人物，双眼处画两大块向下斜掉的黑影；脸谱底色是大白，表示奸诈、残忍。

京剧《霸王别姬》剧照（左）与"无双脸"（右）

本章成语练习

写出下列成语的拼音，并选择合适的成语填空。

拔苗助长　买椟还珠　南辕北辙　自相矛盾　掩耳盗铃
刻舟求剑　郑人买履　塞翁失马　杞人忧天　邯郸学步
东施效颦　愚公移山　对牛弹琴　守株待兔　亡羊补牢
画蛇添足　黔驴技穷　鹬蚌相争

1. 面对警察的审问，他的供词＿＿＿＿，却还试图＿＿＿＿，想办法掩盖真相。不过，在警察的强大心理攻势下，他终于＿＿＿＿，交待了犯罪的全部过程。

2. 事情做错了，要及时 _____，尽量把损失降低到最小，而不是 _____，为了还没发生的事情过于焦虑。

3. 有的家长在培养孩子兴趣爱好的时候非常心急，结果事与愿违。我们要切记孩子的教育不能 _____。

4. 朋友安慰他说结果不一定是负面的，_____ 也未可知。

5. 我有一个朋友，她很喜欢追星，尽管自身气质不好，却很喜欢模仿那些明星，让人觉得是 _____。大家和她建议了好几次不要再这样了，她都听不进去，我们感觉完全是在 _____。

6. 无论怎么样劝说，他们两人都互相拆台，不肯合作，结果呢，_____，渔翁得利，白白把机会留给了别的竞争者。

7. 面试的时候，他不知变通，直接背诵网上的现成答案，这跟 _____ 没有什么区别。

8. 我上次买了一盒巧克力，包装非常精美，但是里面的巧克力实在太少了，真有一点 _____ 的感觉。

9. 我们制定未来长期发展规划的时候，要结合现实的发展，体现出一定的灵活性，避免 _____ 情况的出现；要时刻牢记制定规划的目的、解决的问题，措施与目的要相对应，不然就会 _____；同时，也要结合本单位的情况，不能直接照搬其他单位的东西，那样等同于 _____。等到规划制定结束，要认真检查，及时修正繁冗的部分，避免 _____；方案出台后，要以 _____ 的精神，脚踏实地去实施，不能 _____，希望不付出就得到收获。

第五章　充满幻想的奇妙传说

第一节　远古时代的神话

沧海桑田　开天辟地　夸父逐日　精卫填海　女娲补天　月里嫦娥

一、沧海桑田（cāng hǎi sāng tián）

（一）成语释义

天上的麻姑仙女应道士王方平的邀请，来到人间。她看上去好像只有十八九岁的样子，秀发长到腰间，穿着华丽的衣服。交谈中，王方平问麻姑的年龄，麻姑说："我也难以回答准确的数字。不过，我已经亲眼见到东海变成桑田，桑田变成东海，反反复复已经三次了。"

沧海：大海。桑田：种桑树的地，泛指农田。沧海桑田的意思是：大海

沧海桑田

变成农田，农田又变成大海。形容世事变化很大，常常用于某个地方、某个国家的变化。

传说麻姑在大松树下挖到灵芝仙草，食用后飞升到天上成为神仙。此后每年农历三月初三西王母的寿辰，麻姑就用灵芝酿成仙酒，带到蟠桃会上献给西王母。因此，麻姑在民间就成了健康长寿的象征。不少地方都有给年长女性祝寿时送麻姑献寿图的习俗。

（二）用法示例

1. 几十年前这里是荒无人烟的地方，如今却成为繁华的闹市区，变化之大真是沧海桑田。

2. 这个地区过去150多年的发展，绝对可以用沧海桑田来形容。

3. 看到现在人人手里拿着一部智能型手机，再回想起几十年前手机还没普及时候的情形，我都会感叹这沧海桑田的变化。

（三）运用练习

1. 判断下列句子中"沧海桑田"的使用是否正确。

（1）十几年没有见面了，你的变化真是沧海桑田啊。（ ）

（2）浦东开发之后，这里在30年间发生了沧海桑田的巨大变化。（ ）

（3）毕业一年之后我回到原来高中看了看，沧海桑田的变化让我惊讶极了。（ ）

（4）你这篇论文修改得很好，和初稿相比可以用沧海桑田来形容。（ ）

2. 使用"沧海桑田"改写下列句子。

（1）100多年前，这里是一片荒无人烟的滩涂，现在这里处处是高楼大厦，人潮涌动，非常繁华。

_____

（2）经过上万人持续10多年的植树造林，这个地区的荒山已经被绿色植被覆盖，完全变了模样。

_____

二、开天辟地（kāi tiān pì dì）

（一）成语释义

传说在很久以前，天和地都没有形成，世界到处是一片混沌，好像一个鸡蛋，其中孕育着人类的祖先盘古。过了一万八千年，盘古孕育成熟了。他用力劈开了所在的一团混沌，里面轻而清的阳气上升为天，重而浊的阴气下沉为地，从此，天和地就出现了。盘古出世后，头顶蓝天，脚踏大地，站在天和地之间。天每日增高一丈，地每日增厚一丈，盘古也每日长高一丈。又经过一万八千年，天高得不能再高，地也厚得不能再厚，盘古就像一根柱子一样撑着天和地，使它们不再变成过去的混沌状态。

开天辟地

开天辟地的意思是：神话故事中盘古打破孕育自己的混沌，开创出天空和土地。比喻前所未有的事业、成就或者变化。

（二）成语运用

1. 拓荒英雄们开天辟地，通过坚持不懈的辛勤劳动，把昔日的"北大荒"变成了今日的"北大仓"。

2. 指南针的发明是中国航海史上开天辟地的创举。

3. 这家公司是业界传奇，它的初代产品对于整个智能手机发展史来说有着开天辟地的重大意义。

4.1946 年 2 月 14 日第一台通用计算机诞生，这一天成为人类计算机发展史中开天辟地的日子。

（三）运用练习

1. 判断下列句子中"开天辟地"的使用是否正确。

（1）移动支付技术的发明及应用，具有开天辟地的意义。（　）

（2）我们一起开天辟地，创业办公司怎么样？（　）

（3）他打算写出一篇开天辟地的本科毕业论文。（　）

（4）我从来没有听说过这种开天辟地的情况。（　）

（5）1949 年中华人民共和国建立，这是中国历史上开天辟地的大事。（　）

2. 根据下列材料，使用"开天辟地"写句子。

（1）1999 年中国第一家 C2C 电子商务平台 8848 上线，也是在这一年阿里巴巴电子商务网站建立。由于阿里巴巴对于后来中国电子商务发展的巨大影响，因此，1999 年对电商发展而言可以称为开创性的一年。

_____

（2）A 国政府最高领导人与网民在线"网聊"，这一举动使互联网首次成为该国政府最高领导人和普通百姓交流的平台，在该国互联网历史上具有非常重大的意义。

_____

三、夸父逐日（kuā fù zhú rì）

（一）成语释义

夸父与太阳竞跑，一直追赶到太阳落下的地方。他感到口渴，想要喝水，就到黄河、渭水喝水；水不够，就去北方喝大湖的水。还没赶到大湖，就在半路渴死了，他的手杖化成了桃林。

夸父逐日的意思是：夸父追赶太阳。比喻有远大的理想和坚持不懈的精神,也可以说成"夸父追日"。

夸父逐日

(二) 用法示例

1. 医药研发人员为了研发出治疗艾滋病的有效药物,以夸父逐日的精神不断努力,攻克了一个个难关。

2. 这家公司经过近20余年的发展已经成为行业龙头,能有今天的成绩,与经营者多年来夸父逐日般的执着追求分不开。

3. 研究团队在总工程师的带领下发扬夸父逐日的精神,终于研制出了新一代航天飞机。

4. 每一位坚持跑完全程马拉松的选手都具有夸父逐日那样顽强的毅力。

(三) 运用练习

1. 判断下列句子中"夸父逐日"的使用是否正确。

(1) 他有着夸父逐日般的毅力,越挫越勇,终于攻克了这个技术难关。
(　)

(2) 中国综合性太阳探测卫星"夸父一号"的研制成功,与科研人员夸父逐日般坚持不懈的努力密不可分。(　)

(3) 为了能在这个项目竞标中胜出,他们团队以夸父逐日的精神撰写了一份申报书。(　)

(4) 他的毕业论文完成得非常好,得到了答辩组老师的一致赞扬,这与他夸父逐日般的执着追求分不开。(　)

2. 阅读下列材料,并使用"夸父追日"写一个句子进行评论。

(1) 赵亮在大学三年级的时候就创立了自己的公司,从事太阳能光伏电池方面的研发和生产。毕业后他的公司获得了一家风投公司的资金支持,参与筹建一个总投资达 28 亿元的太阳能光伏电池制造基地。

---

(2)"人造太阳"计划就是在地球上造一个装置,模拟太阳发光发热释放能量,从而解决人类所面临的能源问题。中国有一批像他一样的年轻人先后投身于这项计划中,他们的整个青春都演变成了剧烈的"核聚变反应",为推动中国和世界核聚变事业的发展贡献力量。

四、精卫填海(jīng wèi tián hǎi)

(一)成语释义

炎帝的小女儿女娃去东海游泳,淹死了没有再返回,她化作精卫鸟,经常衔着西山上的树枝和石块,用来填塞东海。

精卫:精卫鸟。精卫填海的意思是:精卫鸟衔着树枝和石块填大海。比喻意志坚决,不达到目的就不停止努力的精神。精卫填海使用的场景大部分都跟大海有关,例如建造跨海大桥等;而愚公移山使用的场景则常常与山相关,例如修建盘山公路等。

精卫填海

(二)成语运用

1. 港珠澳大桥是目前世界上最长的跨海大桥,它是建设者们以精卫填海精神创造的奇迹。

2. 这里以前是一片海边的荒滩，如今已经变成了城市新区，建设者们所表现出来的精卫填海精神，令人非常钦佩。

3. 该国最大保税港区的建设工程非常艰巨，如果没有精卫填海的毅力，不可能取得今天的成功。

（三）运用练习

1. 判断下列句子中"精卫填海"与"愚公移山"的使用是否正确。

（1）张书记在职 20 余年间，在非常艰苦和简陋的条件下，带领大家发扬精卫填海的精神，为村民修出了一条通往山外的平坦大路。（ ）

（2）这座跨海大桥是建设者们以愚公移山的精神建造的。（ ）

（3）杂交水稻的培育成功，与袁隆平团队以精卫填海的精神，几十年如一日地进行种植试验密不可分。（ ）

（4）近些年这个国家填海的速度正在减慢，更着重于已有填海旧地的再开发。现在，他们正在以过去那种精卫填海的顽强精神，解决人与自然和谐共处的重大问题。（ ）

2. 选择"愚公移山"或者"精卫填海"，完成下列的句子。

（1）_____，在大山中修建了一条高速公路。

（2）东海大桥的成功修建，_____。

（3）这个国家建造了一座世界上最长的防洪堤坝，_____。

（4）_____，克服研究中的重重困难。

五、女娲补天（nǚ wā bǔ tiān）

（一）成语释义

传说女娲造出人类以后不久，水神共工和火神祝融就开始打仗。祝融打胜了，失败了的共工一怒之下把头撞向不周山。不周山崩裂了，支撑天地之间的大柱子断折了，天倒下了半边，出现了一个大洞，人类面临着空前大灾难。女娲看到人类遭到的灾难，非常痛心，于是决心补天。她用各种各样的五色石熔化成浆把天洞填好，然后又斩下一只大龟的四只脚，当作四根柱子把倒塌的半边天支起来。从此，人类才能正常地生活。在四川雅安还有这样的传说，女娲用最后一块石头填补雅安天空的漏洞后最终倒在了雅安，化为山峰；而雅安也因为漏洞未补牢，常年有细雨飘落，降雨量高达1800毫米，全年约有240天为降雨日，被称为"雨城"。

女娲补天

女娲：中国神话中创造人类的女神。补天：用五彩石融成的石浆把天空中的洞补好。女娲补天的意思是：女娲补好了天空中的洞。形容改造环境、建设城市的气魄和精神，一般用于女性。

（二）用法示例

1. 她们发扬女娲补天的精神，战胜各种困难，投身到城市建设之中，取得了今天的成绩，成为全国三八红旗手。
2. 女娲补天的精神激励着她们为改变家乡的落后面貌而不断努力。
3. 在边疆地区建设的过程中，涌现了一批具有女娲补天精神的女性，她们非常值得我们学习。

（三）运用练习

1. 判断下列句子中"女娲补天"的使用是否正确。

（1）在老师的带领下，我们班不少女同学发扬女娲补天的精神，把教室打扫得干干净净。（　）

（2）女性建设者们身上所体现出来的女娲补天精神，令人佩服。（　）

（3）这座跨海大桥建成通车，是建设团队以女娲补天精神创造的奇迹。
（　）

2.使用"女娲补天"完成下列句子。

（1）在"北大荒"开发过程中，女性建设者_____，为"北大荒"变成"北大仓"贡献了自己的力量。

（2）妇女能顶半边天，在城市建设的过程中，_____。

（3）西北地区的荒山改造是一项非常艰巨的工程，当地妇女在政府的组织下积极参与其中，_____。

六、月里嫦娥（yuè lǐ cháng é）

（一）成语释义

传说射日英雄后羿从昆仑山的神仙西王母那里求得可以升天的神药，但神药只够一个人吃。后羿既舍不得抛下妻子嫦娥，自己一个人到天上去，也不愿妻子一个人上天，所以他把神药带回家后就悄悄藏了起来。这个秘密被嫦娥发现了，尽管她非常爱自己的丈夫，但还是禁不住天上世界的诱惑。在八月十五月亮最明的时候，嫦娥趁后羿不在家，偷偷吃下神药。突然她觉得身体越来越轻，缓缓向天上飘去，最后来到月亮上，住进了广寒宫，只有一只玉兔陪着她。

嫦娥奔月

月里嫦娥的意思是：月宫中的嫦娥。比喻姿容貌好、风姿卓越的女子。

（二）用法示例、

1. 所有人的目光都集中在她身上，好像看到了月里嫦娥正朝自己走来。

2. 今天穿着白色长裙的她，好像仙女一样，真的可以与月里嫦娥媲美。

3. 她有着动人的美貌和完美的身材，仿佛月里嫦娥来到人间。

4. 这个女孩是小王的梦中情人，第一眼看到她，小王就把她看作月里嫦娥。

（三）运用练习

1. 使用"月里嫦娥"完成下列句子。

（1）舞台上长袖飘飘、婀娜多姿的舞蹈演员＿＿＿＿＿＿＿＿＿＿。

（2）这位向观众们走来的模特容貌姣好，气质出众，＿＿＿＿＿＿＿＿＿＿＿＿＿＿＿＿。

（3）他的女朋友是我们学校的校花，＿＿＿＿＿＿＿＿＿＿＿＿＿＿。

（4）当年她在这部电影中的古装扮相广受好评，＿＿＿＿＿＿＿＿＿＿＿＿＿＿＿＿＿。

2. 选择合适的成语填空。

兰心蕙质　倾国倾城　女娲补天　月里嫦娥

（1）那边走过来一位身着长裙的美女，长发飘飘，就好像＿＿＿＿＿＿＿＿一样。

（2）她聪明善良，性格温柔，是我们心目中＿＿＿＿＿＿＿＿的好同事。

（3）他总是幻想着自己未来能找到一个容貌＿＿＿＿＿＿＿＿的女朋友。

（4）参加"北大荒"建设的女知青们那种以＿＿＿＿＿＿＿＿的精神改造环境的勇气令人敬佩。

3. 将下列成语补充完整，并选择填空（可重复选择）。

A. 精卫＿＿＿＿　　B. ＿＿＿＿辟地　　C. 女娲＿＿＿＿

D. 夸父＿＿＿＿　　E. ＿＿＿＿嫦娥　　F. ＿＿＿＿桑田

（1）比喻姿容美好、风姿卓越的女子。＿＿＿＿

（2）比喻意志坚决，不达到目的就不停止努力的精神。＿＿＿＿

（3）形容世事变化很大。＿＿＿＿

（4）比喻前所未有的事业、成就或者变化。____

（5）形容改造环境、建设城市的气魄和精神。____

（6）比喻有远大的理想和坚持不懈的精神。____

（7）这些女性建设者们以____的精神战胜各种困难，为城市改造贡献了自己的力量。

（8）建设者们以____的精神修建了一座跨海大桥。

（9）电灯的发明创造，对人们来说具有____的意义。

（10）改革开放40多年以来，这里发生了____的变化。

中国文化知识（十）

中国书法

中国古代知识分子将"琴棋书画"作为人生雅事和文化修养的体现。弹琴、下棋、书法、绘画是文人和一些闺阁女子必须掌握的技能，合称琴棋书画，也被称为"文人四友"。古人认为，善于弹琴的人通达从容，善于下棋的人筹谋睿智，善于书法的人至情至性，善于绘画的人至善至美。

书法是中国特有的传统艺术，它既是形象艺术，也是抽象艺术，它有表象的一面，也有表意的一面。书法随着文字字体的发展而发展，不论是篆书、隶书、楷书、行书还是草书，都贵在气势、意态和韵律，这也是中国书法的3个重要特点。在行书书法作品中，最著名的3幅是王羲之的《兰亭集序》、颜真卿的《祭侄文稿》和苏东坡的《寒食帖》。

2009年中国书法申遗成功，被列入联合国教科文组织人类非物质文化遗产代表作名录。在经济全球化的今天，中国书法以其几千年的魅力产生了世界性的影响。

第二节　民间故事的想象

八仙过海　火眼金睛　牛郎织女　松乔之寿　天衣无缝　月下老人

一、八仙过海（bā xiān guò hǎi）

（一）成语释义

传说铁拐李、汉钟离、张果老、曹国舅、韩湘子、吕洞宾、何仙姑、蓝采和这8位仙人结束了蓬莱仙岛的神仙聚会后要重渡东海，铁拐李建议大家不要搭船，各自想办法渡海。铁拐李抛下自己的葫芦与铁拐，汉钟离扔下了他的芭蕉扇，其他神仙也各自把自己的法宝扔进水中，用不同的方式渡海。

八仙：8位仙人。过海：渡过东海。八仙过海的意思是：8位仙人渡过东海。比喻各自使用不同的办法或施展不同的本领，也可以使用"八仙过海，各显神通"。

八仙过海

（二）用法示例

1. 各个高职院校八仙过海，通过各种渠道为学生提供实习机会。
2. 各大汽车厂商对营销都很重视，服务营销、体验营销、情感营销、差异化营销、网络营销等等，可以说是八仙过海。

3. 每年"双十一"各个商家都会推出满减优惠券、买一送一、第二件半价等众多优惠措施,为了促销八仙过海。

（三）运用练习

1. 判断下列句子中"八仙过海"的使用是否正确。

（1）他真是八仙过海的人,有各方面的能力。（ ）

（2）只要你们使用八仙过海的办法,这些问题都能解决。（ ）

（3）为了赢得这次团体赛的冠军,参赛队员纷纷施展自己的本领,真是八仙过海。（ ）

（4）我们遇到问题了,让他们几个有经验的人来八仙过海一下。（ ）

（5）如果不八仙过海表现出来,我们怎么知道各位的实力呢?（ ）

2. 用成语填空,并分别使用各组成语造句。

（1）（　　　　），两小无猜　_____

（2）（　　　　），相敬如宾　_____

（3）（　　　　），焉知非福　_____

（4）（　　　　），为时不晚　_____

（5）（　　　　），渔翁得利　_____

（6）（　　　　），各显神通　_____

二、火眼金睛（huǒ yǎn jīn jīng）

（一）成语释义

猴王孙悟空把龙宫的定海神针变成了自己的武器如意金箍棒。龙王非常生气,就去天宫告状,玉帝采纳了太白金星的建议,诱骗孙悟空上天,让他养马,后来他反下天庭,再次招安后被安排去管理蟠桃园。孙悟空得知王母娘娘设蟠桃宴,请了很多神仙,却没有请他,非常生气,大闹瑶池,又偷吃了太上老君的金丹。玉帝下令捉拿孙悟空。孙悟空被捉住后,太上老君把他送进炼丹炉。结果他不但没被烧死,反而被炼丹炉中的三昧真火烧出了一双能识别妖魔鬼怪的眼睛。

火眼金睛

火眼:三昧真火烧过的眼睛。金睛:闪着金光的眼睛。火眼金睛的意思是:孙悟空被三昧真火烧过后能识别妖魔鬼怪的眼睛。比喻眼光十分锐利,能够看清事物的真相或者识别真伪。

(二) 用法示例

1. 我的女朋友真是火眼金睛,她从来没有在网上买到过质量差的东西。

2. 多年的经验让这位交警练就了火眼金睛,对于假牌、套牌车的识别非常准确。

3. 为逃避检查,毒贩将毒品藏在牙膏内,却被火眼金睛的检查人员当场识破。

(三) 运用练习

1. 判断下列句子中"火眼金睛"的使用是否正确。

(1) 这么小的错误你也能看出来,真是火眼金睛啊!( )

(2) 他火眼金睛地看了很久,发现了这幅古画是后人伪作的。( )

(3) 我的朋友是一个火眼金睛的作家。( )

(4) 我的耳环丢了,我的男朋友帮我火眼金睛找到了。( )

(5) 罪犯的伪装被火眼金睛的警察识破了。( )

(6) 我的爸爸对乐器很在行,他对钢琴火眼金睛。( )

2. 根据下列材料,使用"火眼金睛"写句子。

(1) 这个边检站的检查员眼光非常锐利,一看举止、二看衣着、三看眼神、四看表情、五查证件、六辨谎言,8年共计抓获千名逃犯。

（2）她所在的安全检查站享有"安检铁军"称号，而她在杂乱无章的扫描图片中快速鉴别违禁物品的锐利眼光更是远近闻名。

_____

三、牛郎织女（niú láng zhī nǚ）

（一）成语释义

天上的织女星和牵牛星互相喜欢，可是天律不允许私自相恋。王母将牵牛贬到人间，令织女在天上不停地织云锦作为惩罚。牵牛下凡后成为牛郎。牛郎父母早逝，与老牛相依为命。他按照老牛说的话，悄悄拿走下凡洗澡的织女的仙衣。织女无法飞天，就留下来与牛郎成婚，并生了一儿一女。老牛临死前告诉牛郎，将牛皮剥下放好，以后能披上它飞上天。王母知道织女在人间与牛郎一起生活的事，非常生气，马上派天神捉织女回天上。牛郎用一对筐子挑着儿女，披着牛皮赶来了。眼看牛郎和织女就要相逢，王母用头上的簪子一划，一条天河就出现在织女和牛郎之间。后来王母同意牛郎和织女每年农历七月七日可以相会一次，这一天无数喜鹊飞来为他们搭桥。

牛郎织女鹊桥相会

牛郎织女的意思是：天上的牛郎星与织女星。比喻分居两地的夫妻或者恋人。

（二）用法示例

1. 因为工作关系，他和妻子婚后做了好几年牛郎织女。
2. 她的丈夫终于从国外学成归来了，他们结束了长达 5 年的牛郎织女生活。
3. 在一次调查中，近一半的受访者表示随着现代通信、交通的发达，牛郎织女的异地恋成功率会越来越高。

（三）运用练习

1. 判断下列句子中"牛郎织女"的使用是否正确。

（1）她和男朋友终于结束了牛郎织女的生活，然后她马上就重新找到了一个男朋友。（ ）

（2）这对牛郎织女的情侣最后分手了。（ ）

（3）我的丈夫也来这里工作了，我们终于不用再过牛郎织女的生活了。（ ）

（4）两个人毕业之后到了不同的城市工作，这段牛郎织女的异地恋最终没能修成正果。（ ）

2. 使用"牛郎织女"完成下列句子。

（1）小姚刚一结婚，就接到了去外地组建销售团队的任务，大半年只回家了一次，这对新婚夫妇 _____。

（2）蜜月刚刚结束，丈夫就启程归队了，同大多数军人夫妻一样，_____。

（4）春运在即，一年到头独自在外务工的丈夫终于能回乡了，_____。

四、松乔之寿（sōng qiáo zhī shòu）

（一）成语释义

相传赤松子在天台山放羊时遇到一位道人，道人带他在山间修炼了 40 年。哥哥赤须子四处寻找，后来遇见道人，知道了弟弟在什么地方，就去寻找他。兄弟俩重新在天台山相聚，一起学习仙道，500 年后得道成仙。

相传王子乔善于吹笙，乐声优美如凤凰鸣唱，仙人浮丘生将他带往嵩山修炼。30余年之后，一个名叫桓良的人遇见王子乔，他对桓良说："请你转告我的家人，七月七日与我在缑氏山相会。"到了那一天，他乘坐白鹤出现在缑氏山顶，挥手与世人告别，升天而去。

赤松子修道（左）与王子乔乘鹤（右）

松乔：古代传说中的仙人赤松子和王乔。松乔之寿的意思是：仙人赤松子和王子乔的长生不老。比喻像长生不老的仙人那样长寿。

（二）用法示例

1. 您住在这样优雅安静的地方，可以养松乔之寿，太让人羡慕了。
2. 今天是您的八十大寿，我们祝您永享松乔之寿。
3. 您70多岁了，身体还如此硬朗，必有松乔之寿。

（三）运用练习

1. 使用"松乔之寿"完成下列句子。

（1）开朗乐观的孙爷爷，_____。

（2）这里的环境特别适合老年人，_____。

（3）我们请画家为鲐背之年的祖母创作了一幅画作，_____。

2. 选择"龟年鹤寿"或者"松乔之寿"填空。

（1）祝福您永享 _____。

（2）在中国的长寿之乡巴马，_____ 的老人非常多。

（3）我为鲐背之年的导师准备了一幅寓意吉祥的画，祝福他 _____。

（4）古人曾在这座山峰上修建庙宇，希望在这里修炼，得享_____ _____。

五、天衣无缝（tiān yī wú fèng）

（一）成语释义

一个夏天的夜晚，郭翰在室外仰卧乘凉。忽然，看见有个仙女从空中飘下来。她穿着一件美丽的衣服，但是没有使用一根线，也没有缝隙。郭翰奇怪地问："你的衣服是怎么回事？"仙女说："我是天上的织女，所穿的是天衣。无需针线制作，因此没有缝隙。"

天衣：天上织女穿的衣服，泛指神仙所穿的衣服。无缝：找不到任何缝隙。天衣无缝的意思是：神仙穿的衣服没有缝隙。比喻计划、事物或者说话周密完善，找不出什么毛病。如果用于形容物品，一般指物品经过维修之后和原来没有什么区别。

天衣无缝

（二）用法示例

1. 他的解释天衣无缝，使大家不得不相信全部都是事实。
2. 这支球队依靠天衣无缝的配合，最终赢得了冠军。
3. 秦始皇陵出土了两乘破碎成3000多片的铜车马，文物专家对它们进行了天衣无缝的修复。
4. 那两个骗子的行骗计划不仅设计得天衣无缝，而且现场也配合得毫无破绽，以致于好几个人都上当受骗了。

（三）运用练习

1. 判断下列句子中"天衣无缝"的使用是否正确。

（1）西施的美是天生的，可以说美得天衣无缝。（　）

（2）父母对我方方面面都照顾得很好，他们的爱天衣无缝。（　）

（3）小偷自以为行窃计划天衣无缝，哪知过程被监控完全拍下。（　）

（4）这个品牌的衣服我太喜欢了，每一件都天衣无缝。（　）

（5）这部电影中男女主角配合得天衣无缝，表演非常出色。（　）

2.使用"天衣无缝"完成下列句子。

（1）警察_____，终于抓到了狡猾的犯罪嫌疑人。

（2）专家对这幅破损的世界名画_____。

（3）在这次比赛中，各位队员_____。

（4）_____，只要多留几个心眼，骗子的行骗计划总会漏出破绽。

（5）_____，可惜由于叛徒的出卖，这次行动最终失败了。

六、月下老人（yuè xià lǎo rén）

（一）成语释义

韦固一天晚上看到月光之下有个老人在翻书，身边放着一个装满了红色绳子的布袋。老人告诉韦固，书是游幽之书，他掌管天下姻缘文书，红绳是用来系夫妻的脚的，不管男女双方是否为仇敌或贵贱悬殊，距离遥远，只要系上红绳就会成为夫妻。韦固得知一个瞎眼老妇抱着的3岁小女孩将是他的妻子，就要求仆人去杀死小女孩。仆人刺了小女孩一刀就跑走了。

14年后，韦固结婚，妻子眉间有一道疤痕，询问之后才知道她就是当年被刺中眉间未死的小女孩。韦固这时终于明白，月下老人的话果然是真的，他和妻子的姻缘早已注定。

月下：月光之下。月下老人的意思是：月光之下翻看幽冥之书、旁边放着装有婚姻红绳布袋的老人。比喻撮合男女婚姻的媒人，一般指男性；也可以把某件事情比喻为月下

月下老人

老人，这时候一般加引号。

（二）用法示例

1. 我和我的先生能走到一起，应该感谢我叔叔这位月下老人给我们牵红线。
2. 王伯伯退休之后，当起了月下老人，促成了好几对青年男女的婚姻。
3. 我和妻子是李教授介绍认识的，他就是我们的月下老人。
4. 他和妻子是在中国学习汉语的时候相识相爱并且结婚的，可以说汉语就是给他们牵红线的"月下老人"。

（三）运用练习

1. 判断下列句子中"月下老人"的使用是否正确。

（1）如果遇到月下老人的话，我就能和喜欢的女孩子在一起了。（ ）

（2）谈起恋爱经历，他们说书法是两人的"月下老人"。（ ）

（3）当月下老人的感觉如何呀？（ ）

（4）下面我们请给两位新人牵红线的月下老人来送上祝福。（ ）

2. 使用"月下老人"完成下列句子。

（1）听说我的邻居还是单身一人，我的外公＿＿＿＿＿＿＿＿＿＿。

（2）我们两人能在一起，多亏了陈教授牵线搭桥，＿＿＿＿＿＿＿＿。

（3）这部电视剧中，男女主人公因为一条项链而结缘，＿＿＿＿＿＿＿＿＿＿＿＿。

3. 选择合适的成语填空。

松乔之寿　八仙过海　火眼金睛　月下老人　天衣无缝　牛郎织女

（1）目前房地产行业不景气，开发商们为了促销楼盘真可谓是＿＿＿＿＿＿。

（2）负责查看机场安检机的工作人员，人人都练就了＿＿＿＿＿＿。

（3）我和妻子当年有缘在一起，多亏张教授这位＿＿＿＿＿＿为我们牵红线。

（4）您老心态好、身体好，容光焕发，必有＿＿＿＿＿＿。

（5）她丈夫被公司派往国外工作，目前他们过着＿＿＿＿＿＿的生活。

（6）在这次任务中，各位队员配合得＿＿＿＿＿＿，最终圆满完成了任务。

中国文化知识（十一）

中国旗袍

旗袍是具有中国传统特色的女性服装，一般认为是从清代旗女的袍服发展而来。最初旗袍是直统式的，不收腰，而且下摆和袖口都很宽大，经过不断改良，借鉴了西式女装注重表现女性优美曲线的做法，又兼顾了中国传统旗袍的一些造型，保留了含蓄风格，呈现出"中西合璧"的新面貌，逐渐发展为现代旗袍的款式，成为一种代表着品位、气质的服装样式。

旗袍从上到下，可以由独块衣料裁剪而成，线条流畅，没有任何不必要的衣带、口袋等，同时运用镶、嵌、滚等中国特有的缝纫工艺来使其更美观，还可以根据季节的变化做成单旗袍或者夹旗袍。旗袍紧扣的高衣领，使穿着者显得端庄文静；微微束紧的腰身与体形贴合，反映出女性体形的自然美；下部两边的开叉，又能让穿着者行走自然，步履曼妙婀娜。

旗袍样式变迁示意图

旗袍的质地不同，穿着的目的也不相同。迎宾、宴会、婚礼等场合，一般会穿着丝绒或锦缎等面料制成的较为华丽的旗袍，体现出大气沉稳。日常穿着，可以选择小花、素格、细条等花色较为素雅的丝绸旗袍，体现出雅致温婉；当然也可选用棉布制成的旗袍，体现出纯真朴实。

本章成语练习

写出下列成语的拼音，并选择合适的成语填空。

精卫填海　开天辟地　女娲补天　夸父逐日　月里嫦娥

沧海桑田　松乔之寿　八仙过海　火眼金睛　月下老人

天衣无缝　牛郎织女

1. 今天的浦东陆家嘴地区高楼林立，车水马龙，与30年前相比，变化真是_____。

2. 没有_____的精神执着追求，不断进取，就没有这种特效药的研制成功。

3. 这座跨海超长大桥的成功修建，体现了建设者们_____的精神。

4. 为了能在"挑战杯"比赛中取得好成绩，竞赛团队成员们通力合作，_____，各显神通。

5. 他祈祷自己能得到_____的眷顾，未来与一位像_____一样美丽的女子相结合，并且希望两人能有_____，一起共度一生，而不是像_____一般分隔两地。

6. 智能手机彻底改变了人们的生活，这个新事物的出现真是_____的大事。

7. 没有_____的犯罪，总会有细微的线索留在案发现场，更何况负责这个案件的刑警们个个都是_____，能十分敏锐地捕捉到微小的细节，而且还有现代科技的助力，相信一定会成功破获这起复杂的案件。

8. 在我们城市建设发展的过程中，涌现了一批具有_____精神的女性建设者，在座的各位获奖者就是她们的代表。

第六章　带有贬斥的隐喻表达

第一节　以物喻

暗箭伤人　呆若木鸡　井底之蛙　口蜜腹剑　狼狈为奸　鱼目混珠

一、暗箭伤人（àn jiàn shāng rén）

（一）成语释义

郑庄公攻打许国前，公孙阏与颍考叔争夺一辆战车失败，十分恼火。郑军攻城的时候，颍考叔奋勇当先，爬上了城头。公孙阏看到颍考叔就要立下大功，心里非常妒忌，便抽出箭来对准颍考叔放了一箭，颍考叔被箭所伤，从城墙上摔了下来。

暗箭：在背后偷偷放箭。暗箭伤人的意思是：在背后偷偷放箭伤害别人。比喻采取不光明的手段，暗地里伤害其他人。

暗箭伤人

（二）用法示例

1. 就算是为了晋升经理，你也不能这样暗箭伤人啊！
2. 你还年轻，没有什么人际交往的经验，与公司的同事相处的时候，要做到不暗箭伤人，但是也要特别小心，不要被"暗箭"伤害。

3. 他是一个暗箭伤人的小人，我觉得你真的没有必要再帮助他。

4. 有的人心胸非常狭窄，看到别人取得了一些成绩，就会因为妒忌，做出暗箭伤人的事情。

（三）运用练习

1. 使用"暗箭伤人"完成下列句子。

（1）我对你非常失望，_____。

（2）_____，我们最好敬而远之。

（3）对于他这个人，你得提防一点儿，_____。

（4）她一向心思纯净，热情开朗，_____。

2. 使用"暗箭伤人"改写下列句子。

（1）当你们在职场中以自己的才能辛勤工作时，也要警惕那些喜欢在背地里搞小动作的人造成的伤害。

_____

（2）做人做事就应该光明磊落，那些暗地里以手段算计别人的人最终一定会受到惩罚。

_____

二、呆若木鸡（dāi ruò mù jī）

（一）成语释义

纪渻子为齐王训养斗鸡，齐王几次派人来询问情况。第一次，纪渻子说："不行，现在它还非常骄傲。"第二次，他说："不行，它看到旁边的东西或听到什么声音，还有反应。"第三次，他说："这只鸡还会生气、发怒。"直到最后这只鸡听到其他鸡的叫声已经没有反应了，精神高度集中，看上去像一只木头做的鸡一样，纪渻子才告诉齐王斗鸡已经训练好了。

呆：发愣的样子。若：好像。呆若木鸡的意思是：发愣的样子像木头做的鸡一样。这个成语原来是褒义词，指的是态度稳重，面对所发生的事情镇定从容，但是在现代汉语中转变为贬义词，形容因惊讶、恐惧、走神等而发呆的样子。

呆若木鸡

（二）用法示例

1. 他听到老师念出分数，这次语文考试他只考了59分，顿时呆若木鸡。

2. 不知道为什么，这个平时反应非常灵活的明星，今天在节目中的表现简直可以用呆若木鸡来形容。

3. 你在想什么心事呢？呆若木鸡地站在那里，我叫你半天了都没有反应。

4. 突然听到这个让人崩溃的坏消息，在场的所有人都被吓得呆若木鸡。

（三）运用练习

1. 判断下列句子中"呆若木鸡"的使用是否正确。

（1）这件事情一定吓到你了吧，现在你看起来简直就像一只呆若木鸡。
（　　）

（2）他被眼前发生的一切吓得呆若木鸡。（　　）

（3）他这个人经常出现呆若木鸡的情况，一看就不聪明。（　　）

（4）表弟从身后拿出一条玩具蛇，把他吓得呆若木鸡。（　　）

（5）他突然变成了呆若木鸡，大家都不知道究竟发生了什么事情。（　　）

2. 根据下列材料，使用"呆若木鸡"写句子。

最近某银行发生了一起抢劫案。目击者称整个抢劫过程大约10多分钟，一名办理业务的顾客被劫持者用水果刀劫持，而保安在一旁呆呆地站立着,并未上前制止持刀男子。

3. 课后查词典,找出与"鸡"相关的3个含贬义的成语。

三、井底之蛙(jǐng dǐ zhī wā)

（一）成语释义

废井里住着一只青蛙。有一天,青蛙抬头看见了一只从海里来的海龟。青蛙说:"你看,我住在这里多快乐!高兴了,就跳一阵;疲倦了,就睡一觉。我是这个井里的主人,在这里面自由自在。"海龟听了之后,就把大海的情形告诉青蛙:"大海水天茫茫,无边无际,用千里都不能形容它的辽阔,用万丈不能表明它的深度。"井蛙听了海龟的话,惊讶极了。

井底之蛙

井底之蛙的意思是:生活在井底下的青蛙,只能看见井口很小的一片天。比喻眼光狭窄,见识短浅的人。坐井观天的意思是:坐在井底看天。比喻眼界窄,见识少。

（二）用法示例

1. 这座城市建设旅游岛需要借鉴国际上的先进经验,绝不能做井底之蛙。
2. 为了不让孩子成为井底之蛙,很多父母趁着暑假安排孩子参加研学旅行,让他们各地走走看看学学,甚至出国交流开阔眼界。

3. 到了中国留学之后他才发现原来还有另外一个世界，意识到以前的自己简直就是一只井底之蛙。

4. 认为玉器买卖只能实体店交易而无法进行网络买卖，这是井底之蛙的看法。

（三）运用练习

1. 判断下列句子中"井底之蛙"与"坐井观天"的使用是否正确。

（1）他是一个坐井观天的人。（　）

（2）他是一个井底之蛙的人。（　）

（3）他简直就是一只井底之蛙。（　）

（4）他简直就是一只坐井观天。（　）

（5）我觉得这种看法和做法就是坐井观天。（　）

（6）我觉得这种看法和做法就是井底之蛙。（　）

2. 使用"井底之蛙"完成下列句子。

（1）算法推荐会让用户只看到自己愿意看到的观点，在认知上出现狭隘化、极端化的趋势，_____。

（2）如果想收藏艺术品，但自己又缺乏相关的艺术眼光，那就更要多学多看，_____。

（3）_____，还自以为是，目空一切，真是可悲！

四、口蜜腹剑（kǒu mì fù jiàn）

（一）成语释义

李林甫是唐玄宗时期的宰相，学识不错，但人品却非常差。他与别人交往时，表面上是和蔼的样子，嘴里也说着动听的话，心里却在想着怎么害人。有一次，他对另一个官员李适之说："华山出产黄金，如果开采出来，就能丰富国库，可惜皇上还不知道。"李适之信以为真，就建议唐玄宗开采华山的矿藏。没想到李林甫却私下对唐玄宗说："华山是历代帝王的风水宝地，怎么能随便开采呢？别人劝您开采，恐怕是不怀好意。"李林甫就这样排挤了许多有才之士。

口蜜腹剑

蜜：蜜糖。腹：肚子。口蜜腹剑的意思是：嘴上说的话甜如蜜糖，肚子里却有害人的想法，就好像装着杀人的剑一样。比喻嘴上说得好听，但是心里却都是害人的想法，为人阴险。

（二）用法示例

1. 这种人口蜜腹剑，谁知道他会在背地里做什么坏事。
2. 听说她人品不太好，一定要小心她口蜜腹剑。
3. 他真是一个口蜜腹剑的阴险小人，当面表扬小李工作做得好，结果却到老板那里告了小李一状。
4. 她刚走上工作岗位，欠缺社会经验，才会被一个口蜜腹剑的同事欺骗。

（三）运用练习

1. 使用"口蜜腹剑"完成下列句子。

（1）在这部电视剧中他扮演的角色＿＿＿＿＿＿＿＿＿＿，设下了一系列圈套将别人害得家破人亡。

（2）过于天真，＿＿＿＿＿＿＿＿＿＿；过于世故，又会令你错失真正的朋友。

（3）对不同的人要采用不同的方式对待，＿＿＿＿＿＿＿＿＿＿，尽量不主动搭理，少给对方接近自己的机会。

（4）像小江这样真诚善良的人才适合做朋友，＿＿＿＿＿＿＿＿＿＿。

2.使用"口蜜腹剑"或者"暗箭伤人"填空。

（1）这种嘴上说得好听，背地里却专门说别人坏话的人，简直就是_____。

（2）这个人你得注意点，小心他_____。

（3）真没想到他会做出这种_____的事情。

（4）他经常_____，谁敢和他打交道？

（5）我确实是太容易轻信别人，才会被这个_____的人表面的甜言蜜语欺骗。

五、狼狈为奸（láng bèi wéi jiān）

（一）成语释义

一次，狼和狈经过羊圈时打起了羊的主意，可是羊圈很高又很坚固。于是它们决定合伙：狈先用两条长长的后腿站立，然后把狼高高地扛起来，狼再用它长长的前腿攀住羊圈，把羊叼走。在这次偷羊的过程中，如果狼和狈单独行动，都不可能得手，但它们却会利用彼此的长处相互勾结，得到了羊。

狼狈为奸

狼、狈：两种野兽的名称，狼真实存在，但是狈是一种想象出来的与狼类似的动物。狼狈为奸的意思是：狼和狈一起做坏事。比喻两个或几个人聚集在一起，相互勾结做坏事。

（二）用法示例

1.财务科的两个职员狼狈为奸，不到半年就贪污了公司50万元。

2.这两个人曾因盗窃而被判刑,没想到出狱后继续狼狈为奸,又四处作案。

3.他一个人应该很难做出这样的勾当,肯定是有人和他狼狈为奸。

4.那两个狼狈为奸的盗贼5天内就在市区盗抢10多次,近日终于在作案时被当场抓获。

(三)运用练习

1.判断下列句子中"狼狈为奸"的使用是否正确。

(1)这是他一个人狼狈为奸的结果,和小王完全没有关系。( )

(2)这两个狼狈为奸的坏人,终于受到了惩罚。( )

(3)在对方狼狈为奸的威胁下,他不得不一起做坏事。( )

(4)最近社会上发生了许多狼狈为奸的坏事,人们都非常震惊。( )

2.请使用"狼狈为奸"描述下列这幅漫画。

六、鱼目混珠(yú mù hùn zhū)

(一)成语释义

从前,有个叫满愿的人买了一颗大珍珠。回到家后,他把大珍珠好好地收藏起来。满愿有个叫寿量的邻居,家里也藏有一颗大珍珠。不久,两人都得了怪病,卧床不起。医生看完病后,说两人的病需要以珍珠粉加入药中才能治愈。两人都拿出了自己收藏的珍珠,医生一看寿量的珍珠就说:"这是海洋中一种大鱼的眼睛,以鱼目混充珍珠,哪能治好你的病呢?"

鱼目混珠

鱼目:鱼眼睛。混:混同、冒充。鱼目混珠的意思是:拿鱼眼睛冒充珍珠。比喻以假充真,以贱充贵,以劣充优。

(二)用法示例

1. 最近有不法商贩鱼目混珠,把萝卜丝加工之后当作人参须高价出售。
2. 我们店就是靠货真价实吸引顾客的,千万不要为了蝇头小利而鱼目混珠。
3. 这个商家所出售的高价野生灵芝其实是人工种植的灵芝冒充的,市场监管部门应该对这种鱼目混珠的做法进行惩罚。
4. 古董行业的水太深了,你想买古董的话必须请行家帮忙把关,以免买到鱼目混珠的假货。

(三)运用练习

1. 判断下列句子中"鱼目混珠"的使用是否正确。

(1)网络购物的时候一定要小心,以防购买到鱼目混珠的假冒产品。( )

(2)他刚学习汉语的时候常常把"午"和"牛"两个汉字鱼目混珠。( )

(3)最近我遇到了一些鱼目混珠的奇怪事情。( )

(4)他为了挣钱,竟然把普通草莓当成高价草莓来卖,这种鱼目混珠的做法太不像话了。( )

(5)少数乘客把游戏币当硬币使用来乘坐公交车,他们鱼目混珠的不文

明行为给公交公司造成了损失。（　）

2. 说一说下列两幅漫画讽刺的是一种什么社会现象，为什么使用"鱼目混珠"作为标题？

（1）　　　　　　　　　　（2）

_____

3. 根据上面两幅漫画，使用"鱼目混珠"写两个"把"字句。

（1）_____

（2）_____

4. 将下列成语补充完整，并选择填空（可重复选择）。

A. ___ 木鸡　　B. 暗箭 ___　　C. 口 __ 腹 __

D. 鱼目 ___　　E. 狼狈 ___　　F. 井底 ___

（1）比喻以假充真，以贱充贵，以劣充优。___

（2）比喻眼光狭隘、见识短浅的人。___

（3）比喻因惊讶、恐惧、走神等等而发呆。___

（4）比喻两个或几个人聚集在一块，相互勾结做坏事。___

（5）比喻采取不光明的手段，暗中伤害别人。___

（6）比喻嘴甜心狠，狡诈阴险。___

（7）有的商店经常用 ___ 的做法来欺骗消费者。

（8）通过多种渠道了解世界各国的情况，有机会的话还可以出国看看，这样才不会成为 ___。

（9）这两个坏人勾结在一起 ___，现在终于受到了应有的惩罚。

（10）他这个人 ___，谁愿意和这种表面一套背地一套的人做朋友？

中国文化知识（十二）

中国菜系

中国的饮食文化有"遇水而兴，随水流动"的特点，黄河流域孕育了鲁菜系，长江的上游有川菜，下游有苏菜系，珠江流域则造就了粤菜系，在此基础上，又衍生出湘菜、徽菜、浙菜、闽菜，共同形成了八大菜系。每个菜系都有经典的代表性菜品，例如川菜以麻婆豆腐、宫保鸡丁、夫妻肺片等为代表，常以辣椒、胡椒、花椒、豆瓣酱等入菜；苏菜代表菜有松鼠桂鱼、盐水鸭、鸡汁煮干丝等，重视调汤，保持原汁，风味清鲜，浓而不腻，淡而不薄。

某一菜系的形成和它的悠久历史与独到的烹饪特色是分不开的，同时也受到这一地区的自然地理条件、气候条件、资源特产、饮食习惯等的影响。有人把"八大菜系"进行了拟人化的形容：苏、浙菜好比清秀素丽的江南美女；鲁、徽菜犹如古拙朴实的北方健汉；粤、闽菜宛如风流典雅的公子；川、湘菜就像内涵丰富充实、才艺满身的名士。

第二节 以事指

东窗事发　滥竽充数　南柯一梦　夜郎自大　朝三暮四　指鹿为马

一、东窗事发（dōng chuāng shì fā）

（一）成语释义

南宋时将军岳飞多次打败金朝的进攻，主张投降金朝的宰相秦桧觉得岳飞是实现与金朝议和的最大障碍，就诬告岳飞谋反，把岳飞逮捕入狱并杀害了。

东窗事发

传说中，秦桧和老婆王氏在卧室东窗之下密谋，决定以"莫须有"的罪名杀害岳飞、岳云父子。秦桧死了之后，王氏非常害怕，就请来一个道士作法。道士因为痛恨秦桧杀害国家忠臣，作法之后，故意说自己在阴间见到了死去的秦桧，他戴着铁枷，受着痛苦的刑罚，而且听到秦桧说："可烦传语夫人，东窗事发矣。"王氏听到道士转告的话，被吓得要命，不久也死去了。

东窗：东边的窗子。事发：密谋的事情被知道了。东窗事发的意思是：在东边窗子下密谋的坏事被发现了。比喻阴谋、坏事或者见不得人的秘密勾当被发现、被揭穿。

（二）用法示例

1. 2008年这起事件东窗事发，对该国奶制品行业造成了致命打击，恶劣影响至今尚未消失。

2. 这家公司在山中非法采矿，对这里的生态环境造成了巨大的破坏，东窗事发之后，企业法人及地方政府官员多人被追责。

3. 现在毕业论文都要查重，抄袭论文最后肯定会东窗事发，不仅没法毕业，而且还要受到处分。

4. 千万不要以为干坏事没人知道，迟早会东窗事发。

（三）运用练习

1. 判断下列句子中"东窗事发"的使用是否正确。

（1）他贪污公款100多万元，东窗事发之后，后悔不已。（ ）

（2）东窗事发让他记住了这次深刻的教训。（ ）

（3）设计作品抄袭东窗事发，让这个设计事务所在行业中的声誉大受影响。（ ）

（4）东窗事发了一次又一次，他早就没有什么好名声了。（ ）

2. 使用"东窗事发"完成下列句子。

（1）某公司人力资源部部长朱某利用职务之便，侵吞了公司职工工伤赔付款30余万元，_____。

（2）盛某是某公司的财务人员，为了给男朋友提供赌资，她多次挪用公款，_____。

（3）做这件事的风险太大，_____，不仅公司将会蒙受巨大损失，而且你作为执行者也难逃法网。

（4）_____，这个研究团队很快就分崩离析，团队成员的声誉也都受到了严重影响。

二、滥竽充数（làn yú chōng shù）

（一）成语释义

齐宣王让人吹竽，一定要300人的合奏。南郭处士请求给齐宣王吹竽，宣王对此感到很高兴。由宫廪供食的吹竽之人已有数百人。齐宣王去世了，齐湣王继承王位，他喜欢听乐队里的人一个一个演奏，南郭处士听后就逃走了。

滥竽充数

滥：失真的，假的。竽：古代的一种乐器。充数：凑数。滥竽充数的意思是：不会吹竽的人混在吹竽的队伍里凑数量。比喻冒充有本领，实际上并没有真才实学，或者比喻把坏的东西与好的混在一起。

（二）用法示例

1. 一些没有真本领的股评家滥竽充数，通过各种途径成了"网红"，对于他们的股评言论需要谨慎分析。

2. 这几幅作品水平不高，参加此次展览属于滥竽充数。

3. 她根本就不会唱歌，在合唱团里完全就是滥竽充数。

4. 市场常常会出现滥竽充数的仿冒产品，所以在筛选的时候一定要仔细。

（三）运用练习

1. 根据下列材料，使用"滥竽充数"改写句子。

（1）目前国内的"金牌月嫂"一直呈现供不应求的局面。在庞大的需求之下，月嫂行业也滋生出许多乱象，学历证书、月嫂证，甚至健康证都有人造假，甚至有的月嫂公司将普通保姆培训三四天就当成"金牌月嫂"介绍给顾客。

_____

（2）"一对一培训""托管班""特色班"……近来某地各种

暑期培训班纷纷出现。然而，当地工商部门在连日检查中发现，其中超过三成的暑期培训班不合格，这些暑期培训班中的所谓"名师"大部分都是由无资质者冒充担任的。

_____

2. 选择"鱼目混珠"或"滥竽充数"填空，并说一说这两个成语的异同。

（1）他没有什么才能，在这家公司中完全就是_____。

（2）我们公司每年都会进行考核，而且非常严格，那些_____的人根本没法在这里混日子。

（3）市场上有不少_____的仿冒产品，我们一定要仔细选择。

相同：_____

不同：_____

三、南柯一梦（nán kē yí mèng）

（一）成语释义

有个叫淳于棼的人，有一天喝醉了，朋友将他扶到客堂东面的廊檐下睡觉。他梦见自己到了大槐安国，考中了状元，又娶了该国的公主，成了驸马，生活幸福美满。后来，他被皇帝派往南柯郡任太守，待了20年。有一年敌人入侵，皇帝让淳于棼出战，但是他不懂打仗，连续战败，而公主又不幸病故。他失去了太守职务，也失去了皇帝的宠信。淳于棼突然惊醒过来，发觉在梦中他好像经历了一辈子。他和朋友挖开住宅南面大槐树下的蚁穴，和梦中的情形都一一符合。

南柯一梦

南柯：南面的大树。一梦：做了一场梦。现在用"南柯一梦"来比喻名利和荣华富贵就像一场梦，不能永久享受和存在，也比喻无法实现的美好愿望。

（二）用法示例

1. 这家公司收购 A 集团的申请已被该国商务部否决，这就意味着这家公司的并购计划成了南柯一梦。

2. 有一天晚上，我梦见自己到了国外淘金，挣了好多钱，还买了别墅什么的，醒来才发现是南柯一梦。

3. 3家上市公司的资本实际控制人赵某，从拾煤渣到年赚4亿元，而目前又欠债4.2亿元，他的人生经历真的可以用南柯一梦来形容。

（三）运用练习

1. 判断下列句子中"南柯一梦"的使用是否正确。

（1）这个南柯一梦的人，现在还一直沉浸在自己的创业梦中。（　）

（2）对于昨晚的南柯一梦，他记得非常清楚。（　）

（3）公司破产之后，他的南柯一梦也成了过去。（　）

（4）他有着许多和南柯一梦相同的经历。（　）

（5）因为经营不善最终公司破产，他最初的创业计划也成了南柯一梦。（　）

2. 使用"南柯一梦"完成下列句子。

（1）他曾是远近闻名的一城首富，后因操纵证券交易价格入狱，他起落沉浮的人生经历，＿＿＿＿＿＿＿＿＿＿＿＿＿＿＿＿。

（2）她经常跟我说，世事难料，现在哪怕拥有别人羡慕的一切，＿＿＿＿＿＿＿＿＿＿＿＿＿＿＿。

（2）因为受到来自多方面的重重阻力，他所提出的一系列改革计划最终没能实施，＿＿＿＿＿＿＿＿＿＿＿＿＿＿＿＿。

四、夜郎自大（yè láng zì dà）

（一）成语释义

西汉时，西南地区有个名叫夜郎的小国家，面积小，百姓少，物产也不丰富。因为夜郎国的国王从来没有离开过这个国家，所以就以为夜郎国是世界上最大的国家。有一次,夜郎国国王巡视时,望着前方的高山和大河,问官员们:"天下还有比这更高的山、更长的河吗?"官员们都回答说:"没有。"他又问:"哪个国家最大?"官员们都说:"当然是夜郎国最大!"从此以后,国王就更相信夜郎是天底下最大的国家。

夜郎自大

夜郎:西汉时候的西南地区的夜郎国。自大:自己认为很了不起。夜郎自大的意思是:夜郎国的国王认为自己的国家是最大的国家。比喻见识不多,但是又非常骄傲,自以为是,目空一切。

(二) 用法示例

1. 一个人夜郎自大,会给自己的发展带来很大局限;一个国家夜郎自大,则会让国家进入衰退,最终导致亡国之祸。

2. 这次全市乒乓球比赛的高手非常多,你只是我们学校的冠军而已,因此千万不能夜郎自大。

3. 虽然近年来我们公司的多项产品已取得重大突破,但如果我们不正视自己在关键产品上与国际先进水平的差距,一味认为"老子天下第一",那就是夜郎自大。

4. 夜郎自大的人总是认为自己什么都做得很好,所以就不可能虚心向其他人学习,也就不可能进步。

(三) 运用练习

1. 判断下列句子中"夜郎自大"的使用是否正确。

(1) 没想到最后他成为了夜郎自大。( )

(2) 夜郎自大的人,无论多么聪明,都不会取得什么大成就。( )

(3) 为了避免继续夜郎自大下去,他前几年开始就经常到世界各地旅行。
( )

(4) 盲目夜郎自大的结果肯定就是越来越落后。( )

2. 使用"夜郎自大"完成下列句子。

（1）A市计划打造"浴都"，其实该市的洗浴行业仅在本省内有一定知名度，_____。

（2）这个行业发展日新月异，如果你多看几篇同行近期发表的论文，仔细了解一下行业最新动态，_____。

（3）他只是获得了本校作文比赛的一等奖，_____。

3. 选择"坐井观天"或"夜郎自大"填空。

（1）这样的风景他就觉得是世界上最美的？这也太_____了吧。

（2）他一直都骄傲地认为自己居住的城市是世界上最方便最舒适的城市，这就是一种_____的心态。

（3）他总是觉得自己的研究属于学术前沿，我看完全就是_____。

（4）你说这个领域没有什么人研究，实际上你这个看法是_____。

五、朝三暮四（zhāo sān mù sì）

（一）成语释义

狙公养了很多猴子，而且猴子们能听懂他说的话。他对猴子们说："我给你们吃栗子，每天早上给3个，晚上给4个，你们觉得怎么样？"猴子都不满意，又跳又叫。狙公马上改口说："那就这么办吧。我每天早上给4个，晚上给3个，你们满意吗？"猴子听到早上能得到4个栗子，都非常高兴。

朝：早上。暮：晚上。"朝三暮四"本来的意思是玩弄一些小手段来骗人。故事中的狙公正是这样，他没有增加栗子的数目，只调换了3个和4个的次序，就把猴子骗了。后来这个成语的意思和用法发生了变化，变成跟"朝秦暮楚"相似，比喻做决定、做选择或者做事情的时候，立场不坚定，反复无常。

朝三暮四

（二）用法示例

1. 这个国家为了发展足球运动，安排国家队一下子学这国，一下子学那国，这样朝三暮四，实际上非常不利于这项运动的发展。。

2. 对方签署合同的条件已经是第三次改变了，简直就是朝三暮四。

3. 朋友们都劝她尽快忘记那个朝三暮四的前男友，走出感情的阴影，开始新的生活。

4. 哪个专业更适合你，就赶快决定吧，不要再朝三暮四地变来变去了。

（三）运用练习

1. 判断下列句子中"朝三暮四"的使用是否正确。

（1）一会儿想学钢琴，一会儿想学小提琴，如果你这样朝三暮四下去，很可能什么都学不好。（　）

（2）最近她的男朋友出现了朝三暮四的态度，她为此非常痛苦。（　）

（3）老板交给他一个工作任务，但是他朝三暮四地对待，一点儿也不认真。（　）

（4）她最讨厌的就是那些朝三暮四的人。（　）

2. 使用"朝三暮四"改写句子。

（1）今天早上才说好的条件，怎么现在又变了，看来我们的协议没法签订了。

_____

（2）她前段时间选择和肯为她花钱的小王在一起，现在又打算选择和体贴关心她的小李在一起，在两个男人之间摇摆不定，不知道到底应该选择哪一个。

_____

六、指鹿为马（zhǐ lù wéi mǎ）

（一）成语释义

赵高要夺皇位，为了试一试自己在官员中的威信，他想了一个办法。一天上朝时，赵高让人牵来一只鹿，对皇帝秦二世说："陛下，我献给您一匹好马。"秦二世对赵高说："这是一只鹿，你怎么说是马呢？"赵高说：

指鹿为马

"请陛下看清楚,这的确是一匹千里马。如果不信我的话,可以问问大家。"一些胆小又有正义感的官员都低下头,不敢说话,因为说假话,对不起自己的良心,说真话又怕日后被赵高所害;有些正直的官员,坚持认为是鹿而不是马;还有一些平时就紧跟赵高的官员,立刻赞同赵高的说法,指着这头鹿对皇上说:"这确是一匹千里马!"

指:指着。指鹿为马的意思是:指着眼前的鹿,故意说是马。比喻故意颠倒是非,混淆黑白。

(二)用法示例

1. 真没想到,这场文物拍卖会上竟然出现了指鹿为马的专家。

2. 古玩市场中经常有一些黑心店家指鹿为马,把上品鉴定成次品好低价收购,面对这种情况,消费者一定要当心。

3. 这明明就是假冒的产品,你却一直说是真的,简直就是指鹿为马。

(三)运用练习

1. 使用"指鹿为马"的不同句型描述下列这幅漫画。

(1)_____(……,简直就是指鹿为马)

(2)_____(A 指鹿为马,……)

2. 使用"指鹿为马"完成下列句子。

（1）偷运小黑熊被查的时候，那个司机向检查人员辩称这是小土狗，_____。

（2）最近茶叶市场上白牡丹茶非常流行，某些不良商家将寿眉茶当作白牡丹茶出售，_____。

3. 将下列成语补充完整，并选择填空（可重复选择）。

A. 夜郎____　　B. __三__四　　C. 滥竽____

D. 指__为__　　E. ____一梦　　F. 东窗____

（1）比喻名利和荣华富贵就像一场梦，不能永久享受和存在。____

（2）比喻故意颠倒是非，混淆黑白。____

（3）比喻阴谋、坏事或者见不得人的秘密勾当被发现、被揭穿。____

（4）比喻见识不多，但是又非常骄傲，自以为是。____

（5）比喻做决定、做选择或者做事情的时候，立场不坚定，反复无常。____

（6）比喻冒充有本领，实际上并没有真才实学。____

（7）现在不少没有导游资格证的人在____，因此非常有必要整顿导游行业。

（8）他的经历不禁让人感慨，有时候财富名利只是____。

（9）他贪污公款的事情最后终于____了。

（10）他是一个非常正直的人，是非分明，绝对不会做出____的事情。

中国文化知识（十三）

中国酒

中国酿酒的历史源远流长，可以追溯到人类社会发展史的上古时期，《诗

曲水流觞

》中就有"十月获稻，为此春酒"的诗句。

农历三月初三上巳日举行祓禊仪式之后，人们会坐在水渠两边，在上游放置酒杯，酒杯顺流而下，停在谁的面前，谁就取杯饮酒，意为除去灾祸不吉，这就是曲水流觞。后来这种民间传统习俗还发展成为文人墨客诗酒酬唱的一种雅事。

中国人会在不同的时节饮用不同的酒，例如春节饮屠苏酒，端午节饮雄黄酒，中秋节饮桂花酒，重阳节饮菊花酒，等等。其中屠苏酒又名岁酒，饮普通的酒，总是从年长者饮起，但是饮屠苏酒却正好相反，是从最年少者饮起。

本章成语练习

选择合适的成语填空。

呆若木鸡　暗箭伤人　口蜜腹剑　鱼目混珠　狼狈为奸

井底之蛙　夜郎自大　朝三暮四　滥竽充数　指鹿为马

南柯一梦　东窗事发

1. 唐玄宗时期的宰相李林甫对人当面仁慈、背后残忍，是一个典型的_____的小人。他经常_____，铲除了许多忠诚正义的大臣，还和其他奸臣_____，一起欺骗皇帝，不断_____，颠倒黑白。然而最后还是_____，他的恶行被揭露，受到了应有的惩罚。李林甫生前所拥有的权势和财富，最后都成了_____，想来令人感慨。

2. 你最近应该赶紧确定论文的选题，不要一会儿想选择教学法的题目，一会儿又打算选择语言本体研究的题目，这样_____下去，怎么能开题？

3. 突然发生的车祸，让目睹的人都_____。

4. 网上的高档护肤品经常被_____，你购买的时候一定要小心。

5. 大学阶段是学习的黄金时期，我们要努力学习，不做_____的大学生。知识决定见识，多学习知识有利于我们拥有一定的远见，避免成为目光短浅的_____，更能有效避免形成_____的心理，盲目地骄傲自满。

第七章　洋溢赞美的语言妙喻

第一节　品性与智慧

不耻下问　刮目相看　老当益壮　如鱼得水　雪中送炭　一鸣惊人

一、不耻下问（bù chǐ xià wèn）

（一）成语释义

孔子有弟子 3000 人，成为贤人的有 72 位。虽然孔子学问渊博，可是他自己仍然虚心向别人求教。孔子去太庙参加鲁国国君祭祖的典礼，进入太庙以后，觉得有很多不懂的地方，问了很多问题。有人说："您的学问那么好，为什么还要问呢？"孔子听了说："每事必问，有什么不好？"他的弟子问他："孔圉去世后，为什么叫他孔文子？"孔子道："聪明好学，不耻下问，所以称为'文'。"

不耻下问

不耻：不以……为羞耻。下问：向不如自己的人请教。不耻下问的意思是：不以向地位、学问等方面不如自己的人请教为羞耻。比喻虚心求教，谦虚好学。

（二）用法示例

1. 每个人都有自己的不足和长处，我们应该不耻下问，不断成长进步。

2. 虽然他是学问渊博的教授，但是在某些自己不擅长的方面，依旧会虚心请教，这种不耻下问的做法值得我们学习。

3. 大家都被他这种不耻下问的精神打动了。

（三）运用练习

1. 判断下列句子中"不耻下问"的使用是否正确。

（1）有问题就应该对老师不耻下问，不要不好意思。（　）

（2）他不耻下问地问了老师几个问题。（　）

（3）老师可以对学生不耻下问，但是学生不可以对老师不耻下问。（　）

（4）这个5岁的孩子遇到不懂的问题，总是不耻下问。（　）

（5）大家都非常佩服他这种不耻下问的精神。（　）

（6）他具备不耻下问的能力，真是太难得了。（　）

2. 使用"不耻下问"完成下列句子。

（1）我们每个人都应该虚心好学，＿＿＿＿＿＿＿＿＿＿＿＿＿＿＿＿，才能不断提升自己。

（2）记者问这位围棋大师怎样用自己的围棋经历解释本次围棋赛的文化理念"上善若水"，这位大师坦承他不知道这个词是什么意思，并认真向记者请教，＿＿＿＿＿＿＿＿＿＿＿＿＿＿＿＿＿。

（3）你调到这个全新的部门之后，将会接触到很多以前不了解的东西，你需要先将自己过去取得的成绩放在身后，＿＿＿＿＿＿＿＿＿＿＿＿＿＿＿＿。

二、刮目相看（guā mù xiāng kàn）

（一）成语释义

东吴将领吕蒙勇敢善战，但不喜欢读书。后来他接受吴国国君孙权的建议，在行军旅途中利用一切时间发奋读书。后来吴国的军师鲁肃经过吕蒙驻地，和吕蒙谈论天下大事，大为震惊地说道："我以前以为你只会打仗，没想到学识与谋略也如此出众！"吕蒙说："士别三日，即更刮目相待。"此后，演变为成语"刮目相看"。

刮目：擦亮眼睛。相看：看待。刮目相看的意思是：擦亮眼睛重新看待别人。比喻不要用老眼光看人，要充分看到别人的进步；也比喻某方面的发展变化很大，足以让人用新的眼光来看待。

刮目相看

（二）用法示例

1. 小时候成绩不怎么样的他，如今成为一位著名学者，同学聚会上大家都对他刮目相看。

2. 过去40多年中国经济的飞速增长，让世界刮目相看。

3. 这里现在已经开始大规模建设，相信几年之后它的发展一定会令所有人刮目相看。

（三）运用练习

1. 判断下列句子中"刮目相看"的使用是否正确。

（1）他以前不抽烟也不喝酒，但是现在抽烟、喝酒很厉害，我对他刮目相看了。（　）

（2）她坚持运动，终于减肥成功了，大家都对她刮目相看。（　）

（3）从差生变成了班上最优秀的学生，老师刮目相看他的变化。（　）

（4）你的变化都是表面现象而且是暂时的，我是不会刮目相看的。（　）

（5）这个学期他的成绩大幅提升，让同学们刮目相看。（　）

2. 判断下列句子中"刮目相看"与"士别三日，当刮目相看"的使用是否正确。

（1）他的变化非常大，让我们都刮目相看。（　）

（2）他的变化非常大，果然是士别三日，当刮目相看。（　）

（3）最近10年这座海岛的发展变化，让人刮目相看。（　）

（4）最近10年这座海岛的发展变化，士别三日，当刮目相看。（　）

三、老当益壮（lǎo dāng yì zhuàng）

（一）成语释义

汉朝人马援，有一次在押送犯人的途中，因为同情犯人的遭遇，放走了犯人，自己则逃亡他乡躲起来。这时，恰好遇上皇帝大赦，于是他就安心地

老当益壮

从事农业生产，不到几年，就拥有了几千头牛羊。他不想当守财奴，希望做有意义的事情，就把自己辛苦积攒的财产都分送给他的兄弟和朋友，自己去从军了。在从军过程中，马援因为立下了很大的战功，成为历史上有名的军事将领。他常对朋友说："男子汉大丈夫，应该越穷困，志向越坚定；越年老，志气越豪壮。"

当：应当。益：更加。老当益壮的意思是：人老了，志气应当更加豪壮。形容年纪虽然已经很大，但是做事的热情还是很高，干劲还是很足。

（二）用法示例

1. 郭大夫虽然退休了，但是他老当益壮，接受了医院的返聘，至今依然工作在为病人服务的第一线。

2. 爷爷今年已60多岁了，可是爬山的时候不输给我们年轻人，真是老当益壮。

3. 据一家机构的调查，2008年该国个体经营者中有21%的人年纪在55岁至64岁，有10%的人年纪在65岁及以上，这些老当益壮的银发创业族，是该国经济的一个亮点。

4. 在全国主持人舞蹈大赛中，一位67岁的参赛者既唱又跳，老当益壮的表现让现场的观众不禁起身鼓掌。

（三）运用练习

1. 判断下列句子中"老当益壮"的使用是否正确。

（1）虽然已经是白发苍苍，但是他老当益壮，在新技术与新产品的研发上并不落后于年轻人。（　）

（2）你的身体这么好，以后老当益壮绝对没问题。（　）

（3）退休之后他想老当益壮一下，在家人的支持下开始了自主创业。（　）

（4）如果你按照医生的建议好好休息，你就能恢复老当益壮的身体。（　）

（5）《龟虽寿》这首著名的诗歌大气豪迈，表现了曹操老当益壮的人生态度。（　）

2. 使用"老当益壮"完成下列句子。

（1）年近七旬的老金以极大的热情和干劲，参与到村史的整理工作当中，_____。

（2）这些老人在登山比赛中的表现，_____，让很多年轻人都自愧不如。

（3）在陈奶奶的带领下，我们小区的老人们成立了志愿者小队，_____，他们说为小区贡献自己的一份力量是非常开心的事情。

（4）这支慈善队伍里的 30 位成员都是来自市里各个行业的退休老人，_____，真令人敬佩。

四、如鱼得水（rú yú dé shuǐ）

（一）成语释义

刘备为了实现自己一统天下的志向，三次去拜访在隆中卧龙岗隐居的诸葛亮，请他出山。诸葛亮做了刘备的军师之后，得到了刘备的信任和重用。作为刘备的结义兄弟，关羽、张飞二人都感觉受到了冷落，非常不高兴。于是，他们找到刘备，说出心中不满。刘备听了关、张所言，给他们做了一个形象的比喻来说明诸葛亮的重要性。他说："孤之有孔明，犹鱼之有水也。愿诸君勿复言。"意思是：我得到了诸葛亮，就如同鱼儿得到了水一样。希望你们不要再多说了。

如鱼得水

如：好像。如鱼得水的意思是：好像鱼得到了水一样。比喻得到了非常适合自己心意的人或环境。

（二）用法示例

1. 换了新的工作岗位后，他如鱼得水，每天心情都非常好，干劲十足。

2. 她非常喜欢时尚又有艺术设计的天分，服装设计师的工作让她觉得如鱼得水。

3. 这个小城气候宜人，房价和物价也不高，生活在这里让她有一种如鱼得水的感觉。

4. 他人缘很好同时又很有能力，在学生会中干得如鱼得水。

（三）运用练习

1. 判断下列句子中"如鱼得水"的使用是否正确。

（1）她很喜欢购物，每次到商场，她都感觉如鱼得水。（　）

（2）他在电玩城里玩游戏玩得如鱼得水。（　）

（3）你应该要如鱼得水地融入新公司，这样才能顺利开展工作。（　）

（4）有热情的球迷支持，而且又是主场作战，我们队简直就是如鱼得水。（　）

（5）良好的心理素质有利于让批评转化为进步助力，使自己获得提升，在职场如鱼得水。（　）

2. 使用"如鱼得水"完成下列句子。

（1）他擅长交际，和陌生人交谈没一会儿就能聊得火热，_____。

（2）她温柔和气，小朋友们都很喜欢围在她身边一起做游戏，_____。

（3）他以前学的是文艺学理论，在孙教授的建议下转而学习考古学，_____。

（4）_____，小陈在新岗位上很快就取得了成绩，顺利晋升为部门主管。

五、雪中送炭（xuě zhōng sòng tàn）

（一）成语释义

有一年冬天，下了一场大雪，天气十分寒冷。宋太宗在皇宫中休息，一边烤火取暖，一边品尝着各种美味佳肴。当他看到窗外下着大雪，忽然想起了那些可怜的穷人，他们吃不饱，穿不暖，正在大雪中挨饿受冻。于是他就派手下的官员送了许多木炭和粮食给老百姓，让他们能够有木炭烧火取暖，有米做饭。

炭：木炭。雪中送炭的意思是：在寒冷的大雪天给人送去了取暖用的木炭。比喻在别人非常困难的时候，给予物质或者精神上的帮助。

（二）用法示例

1. 该市大地震发生之后，全国各地立即雪中送炭，支援了各种当地急需的救灾物资。

2. 夫妻两个人正在为孩子的住院费发愁，哥哥资助的这笔钱，对他们来说简直就是雪中送炭。

3. 小微企业经营面临着资金不足的问题，目前银行新设立的小微企业经营性贷款，就是要给这部分企业雪中送炭。

4. 在不少同事反对的情况下，经理您还这么支持我，感谢您雪中送炭般的温暖。

雪中送炭

（三）运用练习

1. 判断下列句子中"雪中送炭"的使用是否正确。

（1）对于这些四面八方而来的雪中送炭，我们真的非常感动。（　）

（2）我父亲需要的这种药现在很难买到，你给我们寄来这一盒药真是雪中送炭。（　）

（3）感谢你们雪中送炭，这批物资极大地缓解了当前的困难。（　）

（4）他的友情就像雪中送炭，温暖了我的心。（　）

2. 根据下列材料，使用括号中的句型写句子。

（1）在大学新生即将入学之际，这家公司与当地政府共同为65名贫困大学生颁发了救助金和生活必需品。（A 给 B 雪中送炭）

_____

（2）小晏家境十分困难，为了筹集大学学费，她不得不到市妇联寻求帮助。市妇联及时与市女企业家协会联系争取支持，市女企业家协会同意资助她的大学费用。（……，对 A 来说真是雪中送炭）

_____

六、一鸣惊人（yì míng jīng rén）

（一）成语释义

齐威王沉迷酒色，不管国家大事。有一天，淳于髡见到了齐威王，就对他说："大王，我有一个谜语请您猜一猜：某国有只大鸟，住在大王的宫廷中，已经整整三年了，可是它既不飞翔，也不鸣叫，您觉得这是一只什么鸟呢？"齐威王是一个聪明人，一听就知道淳于髡用那只大鸟在讽刺自己毫无作为，只知道享乐。他对淳于髡说："这一只大鸟，不飞则已，一飞就会冲到天上去；它不鸣则已，一鸣就

一鸣惊人

会惊动众人。"此后，齐威王开始奋发图强。

一鸣惊人的意思是：一鸣叫就使人震惊。比喻平时没有特别突出的表现，突然取得了令人惊讶的成绩。

（二）用法示例

1. 业余科幻小说作者刘慈欣一鸣惊人，所创作的科幻小说《三体》获得了"雨果奖"。

2. 没想到平时默默无闻的她居然获得了全市钢琴比赛的冠军，真是一鸣惊人，太厉害了！

3. 那些取得一鸣惊人好成绩的运动员，实际上都经过了长期的刻苦训练，付出了常人难以想象的努力。

（三）运用练习

1. 使用"一鸣惊人"完成下列句子。

（1）他第一次参加奥运会就获得了两块游泳金牌，_____。

（2）_____，在众多乒乓球高手中夺取冠军。

（3）她平时默默用功，一点都不起眼，_____。

2. 根据下列材料，使用"一鸣惊人"写句子。

（1）第一次参加奥运会的苏炳添，就在东京奥运会上两次突破10秒大关，创造了中国短跑历史，也刷新了奥运会亚洲运动员的纪录。

_____

（2）2021年的第十四届全国运动会是他第一次参加国内高级别赛事，初次参赛的他就在200米蝶泳决赛获得第3名，为自己所在省队带来了首枚全运会游泳项目奖牌，取得历史性突破。

_____

3. 选择合适的成语填空。

不耻下问　老当益壮　雪中送炭　一鸣惊人

（1）你这些温暖人心的话对我来说就是_____。

（2）没想到，这次运动会上，他_____，夺得了3项冠军。

（3）三人行必有我师，我们每个人都应该_____。

（4）年过花甲的他从医院退休后办了一家诊所，真可谓_____。

4. 将下列成语补充完整，并选择填空（可重复选择）。

A. 不耻____　　B. 老当____　　C. 雪中____

D. 一鸣____　　E. 刮目____　　F. 如鱼____

（1）形容年纪虽然已经很大，但做事的热情还是很高，干劲还是很足。____

（2）比喻得到了非常适合自己心意的人或环境。____

（3）比喻虚心好学，愿意向所有人请教。____

（4）比喻在别人非常困难的时候，给予物质或者精神上的帮助。____

（5）形容平时没有特别突出的表现，突然取得了令人惊讶的成绩。____

（6）比喻某个方面的发展变化很大，足以让人用新的眼光来看待。____

（7）一直都默默无闻的他，在全国五子棋个人赛上____，摘取了金牌。

（8）经过刻苦练习，他的演讲水平进步很快，同学们都对他____。

（9）公司把他从公关部调到了研发部，对于一心想搞技术的他来说，简直就是____。

（10）你曾经在我最困难的时候给予过无私的帮助，这份____的恩情我永远不会忘记。

中国文化知识（十四）

中国茶

中国是世界上最早种茶、制茶、饮茶的国家，是茶及茶文化的发源地，可以称之为茶之古国。俗话说：开门七件事，柴米油盐酱醋茶。作为"七件事"

之一，饮茶在中国是非常普遍的。从古至今，茶深入中国的诗词、绘画、书法、宗教、医学等方方面面，一些士大夫和文人雅士在饮茶过程中还创作了很多茶诗，仅在《全唐诗》中，流传至今的就有百余位诗人关于茶的诗 400 余首。

按照色泽与加工方法，中国的茶叶一般可以分为红茶、绿茶、青茶、黄茶、黑茶、白茶六大茶类。每种茶都有代表性的名茶，例如红茶有祁门红茶、正山小种等，绿茶有西湖龙井、碧螺春等，青茶有铁观音、大红袍等。茶叶的好次，主要从色、香、形、味 4 个方面鉴别，即一看色泽、二闻香气、三观外形、四品滋味。茶叶用煮沸的清水冲泡，寻求茶的固有味道，而同样质量的茶叶，使用的水、茶具、冲泡方式不同，泡出的茶汤的效果也不一样。

中国人饮茶注重一个"品"字，可以说重在意境是中式品茶的特点。品茶的环境一般由天气、自然景色、地域风情、室内陈设格局等因素组成。现代人常常在百忙之中泡上一壶浓茶，自斟自饮，消除疲劳、振奋精神，也会邀三五好友，选择雅静之处，细啜慢饮，达到美的享受。

第二节　本领与才能

百步穿杨　才高八斗　画龙点睛　口若悬河　神机妙算　一字千金

一、百步穿杨（bǎi bù chuān yáng）

（一）成语释义

楚国人养由基和潘虎都擅长射箭。有一天，两人相约比试射箭。潘虎射了三箭都正中五十步之外的靶子红心，他非常得意。养由基却说："射五十步外的红心，目标太近也太大了，还是射百步外的杨柳叶吧。"养由基叫人在百步以外的一棵杨柳树上选了一片叶子，涂上红色作为靶子，他所射的箭正好穿过这片杨柳叶。潘虎还是不服气，他走到那棵杨柳树下，随便选择了三片杨柳叶涂上红色，请养由基再射一次。养由基拉开弓，先后射中了那三片杨柳叶。

杨：杨柳树的叶子。穿：穿过。百步穿杨的意思是：射箭的时候能穿过百步之外的杨柳树叶子。比喻射箭技艺高超，扩展为射击枪法非常精准，进而引申为足球、篮球等需要较远投射的运动中，运动员命中目标的本领高强。

百步穿杨

《史记·周本纪》中有这样的描述："楚有养由基者，善射者也。去柳叶百步而射之，百发而百中之。"其中包含"百步穿杨"与"百发百中"两个成语。"百发百中"其中一个用法与"百步穿杨"相似，形容射箭或打枪精准，也可以用来形容投篮等非常精准；另一个用法与"百步穿杨"完全不同，比喻对事情的预料非常准确，做事有充分的把握。

（二）用法示例

1. 对于他这个优秀的射击运动员来说，百步穿杨并不是什么难事。
2. 这位射箭冠军百步穿杨，现场的观众都为他喝彩。
3. 特警队员经过长期的艰苦训练，人人都练就了百步穿杨的本领。
4. 听说他是一个左右手射击都能够百步穿杨的神射手。

（三）运用练习

1. 选择"百步穿杨"或者"百发百中"填空。

（1）这个篮球运动员简直太厉害了，每次投篮都是_____。

（2）射箭运动员_____的精彩表现，让观众们不停地鼓掌喝彩。

（3）为了练就_____的本领，他付出了艰辛的努力。

（4）心理咨询师说出来的所有问题都是我存在的，真是_____。

（5）你果然是一个_____的篮球高手。

（6）世界杯比赛的小组赛冠军、16强、8强、4强都与他事先说的完全一样，太神了，简直是_____。

（7）这几年他每次申请课题都能成功，真可谓是_____。

2. 使用"百步穿杨"完成下列句子。

（1）经过激烈的淘汰赛，来自全国各地的射箭运动员即将在这里展开最后的对决，_____。

（2）这次参加特别任务的队员，都经过十分严格的测试，_____。

（3）他们不仅拥有出色的搏击技术，_____。

（4）_____，他成为一个被敌人畏惧同时被队友尊敬的神射手。

二、才高八斗（cái gāo bā dǒu）

（一）成语释义

南朝时的谢灵运是古代著名的山水诗作家，他写作的诗非常优美，很受欢迎。宋文帝很赏识他的文学才华，特地将他召回京都任职，并把他的诗作和书法称为"二宝"。有一次，谢灵运一边喝酒一边说："魏晋以来，天下的文学才华共有一石，其中曹子建（曹植）独占八斗，我得一斗，天下其他

中国古代的铜方斗

的人共分一斗。"

才：才能。高：达到。斗：中国古代容量单位，十斗为一石，一石大约有 60 千克，一斗大约 6 千克。才高八斗的意思是：才华很高，占了天下才华的十分之八。比喻极有才华，尤其是指学问修养很高，也可以组合成"才高八斗，学富五车"使用。

（二）用法示例

1. 这位哲学家才高八斗，作品中对于生命、时间等方面的特殊见解不同凡响。

2. 季羡林老先生是中国著名的古文字学家、历史学家、作家、语言学家，他确实是才高八斗，我们一般人真是可望而不可即。

3. 善于阅读、善于学习、善于思考，具备了这些优秀的习惯，你的孩子未来有可能成为一个才高八斗的人。

4. 被誉为"诗仙"的李白是一个才高八斗又自由不羁的天才诗人。

（三）运用练习

1. 判断下列句子中"才高八斗"的使用是否正确。

（1）她的丈夫是一位才高八斗的学者。（ ）

（2）他不仅才高八斗，而且玉树临风，是很多女生的暗恋对象。（ ）

（3）这个人口才好极了，简直可以用才高八斗来形容。（ ）

（4）他们两人，妻子温柔聪慧，丈夫才高八斗，真是天作之合。（ ）

（5）持续大量阅读与思考相结合，让他成为现在这样的才高八斗。（ ）

2. 使用"才高八斗"完成下列句子。

（1）以前，他认为只要个人能力突出就能发展得好，而入职一段时间后他才发现，如果不懂得协调人际关系，＿＿＿＿＿＿＿＿＿＿＿＿＿＿＿＿＿＿。

（2）他家的三层楼房中估计有上万本书，大家都说道："如果能读完这屋子的书，＿＿＿＿＿＿＿＿＿＿＿＿＿＿＿＿。"

（3）真正的教师应该使学生学有所得，如果将课堂变成个人的精彩表演，而不顾学生的接受程度，即使这位教师 ＿＿＿＿＿＿＿＿＿＿＿＿＿＿＿＿＿＿。

三、画龙点睛（huà lóng diǎn jīng）

（一）成语释义

南朝时候，梁武帝时期的大画家张僧繇在金陵安乐寺的墙壁上画了4条白龙，但是都没有点上眼睛。有人问他为什么不给龙点上眼睛，他回答说："点上眼睛很容易，但是我担心点上之后龙就会飞走。"大家都不相信，要他点上眼睛，看看龙到底会不会飞走。他点了两条龙的眼睛之后，忽然一声巨响，画了眼睛的龙已经飞到天上去了，另外没有点睛的两条白龙仍然留在墙壁上。

画龙点睛

点睛：在眼眶内点上眼珠。画龙点睛的意思是：画龙的时候先画好龙的全身，最后在眼眶内点上眼珠。比喻说话、写文章等，在关键部分处理得好，使内容更加生动；也用来比喻适当用了某些东西，使事物的整体效果更加出色。

（二）用法示例

1. 她演唱的这首经典歌曲为这部深受观众喜爱的电影画龙点睛。
2. 这件旗袍如果再搭配一条珍珠项链作为点缀，相信一定会画龙点睛。
3. 一幅合适的挂画不仅是家庭环境中的小装饰，而且可以改善整个空间的艺术风格，成为软装设计中的画龙点睛之笔。
4. 这本书中配有插图，每幅图画都精心绘制，有画龙点睛的作用，使人赏心悦目，阅读更加轻松愉快。

（三）运用练习

1. 根据下列材料，使用"画龙点睛"写句子。

（1）很多女生都非常喜欢买配饰，比如帽子、围巾和首饰等，这些配饰如果使用得当，会使整体衣着的搭配效果更加出色，如果使用不当，则会出现画蛇添足的尴尬。

_____

（2）设计行业流行这样的说法：一流设计师注重光影，二流设计师注重造型，三流设计师注重色彩。这种说法虽然有些片面，但是从中也能看出灯光在室内设计中提升整体效果的关键性作用。

_____

2. 使用"画龙点睛"完成下列句子。

（1）最后这段话写得非常好，_____。

（2）这首诗中"春风又绿江南岸"的"绿"字是诗眼，_____。

（3）他的演讲中有一段非常动人的个人经历，_____。

（4）如果选择一条合适的丝巾搭配这套衣服的话，_____。

四、口若悬河（kǒu ruò xuán hé）

（一）成语释义

郭象是西晋的大学者，他的知识渊博，而且口才又非常好，所以发表自己的见解时，条理清晰，内容深刻，人们听他说话都觉得非常有意思。当时有一个叫王衍的大官，很欣赏郭象的学识和口才。他赞扬说："听郭象谈话，就好像瀑布水流一样，永远没有中断的时候。"

若：好像。悬河：瀑布。口若悬河的意思是：说起话来像瀑布一样

口若悬河

不会中断。形容能言善辩，也比喻十分健谈，有时候也说"口若悬河，滔滔不绝"。

（二）用法示例

1. 你别看这个人讲起话来口若悬河，但是实际上并没有什么真才实学。

2. 辩论比赛中，正、反双方的队员都口若悬河，其中正方一辩表现得特别好。

3. 说起去年自驾游大西北两个月的见闻，他口若悬河地说了好长时间。

4. 遇到这样口若悬河的对手，他不得不认输。

（三）运用练习

1. 判断下列句子中"口若悬河"的使用是否正确。

（1）他对自己口若悬河的演讲技巧非常自信。（　）

（2）这位学者讲起专业上的东西真是口若悬河。（　）

（3）他发表了许多口若悬河的见解。（　）

（4）你表现得这么口若悬河，反而会引起别人的反感。（　）

2. 在下列的短文中找出 3 处文字，使用"口若悬河"这个成语替换。

当今社会很看中个人口头表达能力，因此，不少人会专门参加培训班，训练自己的演讲能力。电视里经常会出现街头访问，有的被采访者确实非常善于言谈。例如，在轰动一时的飞机坠河事件中，几位脱险的乘客面对镜头毫不紧张，连续不断地从各个方面发表了许多看法。让人怀疑，这架飞机搭乘的不是普通乘客，而是去参加演讲比赛的能言善辩的选手。

（1）_____

（2）_____

（3）_____

3. 选择"才高八斗"或者"口若悬河"填空。

（1）大量的阅读积累，让他成为一个_____的人。

（2）虽然没读过什么书，但是他口才特别好，讲起话来_____。

（3）他_____，很有肚才，写文章非常不错，遗憾的是口才不太好。

（4）这位教授很了不起，看他的著述就知道他是一个_____的学者，听他的报告的时候又感觉他是一个_____的演讲家。

五、神机妙算（shén jī miào suàn）

（一）成语释义

东吴的都督周瑜嫉妒诸葛亮的才华，想把他除掉。准备和曹军交战时，诸葛亮立下了军令状，3天之内要造出10万支箭，否则就会被斩首。周瑜暗自高兴，觉得诸葛亮肯定完成不了任务，打算借这个机会除掉他。其实诸葛亮早已想出了办法。他准备了20只船，每只船上都立了很多草垛。第二天清晨，诸葛亮趁江面上大雾笼罩，下令将草船驶近曹军，佯装攻打。因为大雾，曹操不敢轻易出兵进攻，下令军队用箭射向对方，不一会儿，20只船上的草人已经插满了箭。周瑜知道诸葛亮草船借箭的经过以后，说："孔明神机妙算，我比不上他。"

草船借箭

神：神奇。机：机智。妙：巧妙。算：计谋。神机妙算的意思是：神奇的机智与巧妙的计谋。比喻能预知事情的发展，或者根据预测的情况提前制定对策、提供资讯等等。

（二）用法示例

1. 那些在街边摆摊的算命先生自称神机妙算，其实都是在吹牛，千万不要相信。

2. 警察预判犯罪分子还会再次作案，提前做好了准备，果然在犯罪分子再次作案的时候将其成功抓获，警察真是神机妙算。

3. 在网上浏览过某种产品之后，消费者就会收到大量此类产品的推送，这是大数据辅助下商家神机妙算的结果。

4. 现代战争是国与国之间科技实力的较量，科技发达的国家能够利用先进的技术优势，在战场上成为神机妙算的赢家。

（三）运用练习

1. 判断下列句子中"神机妙算"的使用是否正确。

（1）近10年他准确地预测了股市每次大幅涨跌，人们都说他神机妙算。（　）

（2）很多人希望自己能够成为神机妙算，预测自己的未来。（　）

（3）警察们一起神机妙算，一举抓获了犯罪分子。（　）

（4）大数据可以带来超凡价值，那些只有在电影与小说中才出现的神机妙算能力，如今却被大数据所拥有。（　）

2. 使用"神机妙算"完成下列句子。

（1）那几位大学数学教授凭借苦心计算出来的一个公式，居然真的获得了彩票百万大奖，＿＿＿＿＿＿＿＿＿＿＿＿＿＿＿＿＿＿＿＿＿。

（2）演习中，蓝军对于各种迹象进行了分析，于是在东南方向安排重兵拦截，＿＿＿＿＿＿＿＿＿＿＿＿＿＿＿＿＿＿＿＿＿。

（3）在本次世界杯期间，这只鹦鹉"预测"球队胜负的视频在网上传播开来，＿＿＿＿＿＿＿＿＿＿＿＿＿＿＿＿，吸引了很多人的目光。

（4）＿＿＿＿＿＿＿＿＿＿＿＿＿＿＿＿＿＿＿＿＿，说是能为别人预测未来运势，其实都是在吹牛骗人。

六、一字千金（yí zì qiān jīn）

（一）成语释义

战国时期，秦国丞相吕不韦请来很多的学者，共同编写了一部巨著，题名《吕氏春秋》。吕不韦下令把《吕氏春秋》放在咸阳最热闹的地方，并发出布告:"不管谁都可以来指出书中的不足,能增加或删去一字的人,都赏给千金。"布告发出许久,前来围观的人成千上万,却始终没有人出来改动一字,领取千金的奖励。

一字千金

千金:形容很多钱。一字千金的意思是:一个字就具有千金的价值。形容文学作品非常精妙,价值很高,或者书法作品很珍贵,以及创作文学、书法作品等酬劳非常高。

(二)用法示例

1.近日,这位著名小说家的几页手稿在拍卖会上竟然拍出 20 万元的高价,简直就是一字千金。

2.王羲之的《兰亭集序》被称为"天下第一行书",其价值绝对是一字千金。

3.这幅一字千金的书法作品,是宋代著名书法家米芾的真迹。

4.虽然过了几十年,但那本谈论经济原理的书,依然是一字千金的重要著述。

(三)运用练习

1.判断下列句子中"一字千金"的使用是否正确。

(1)他创作的长篇小说非常畅销,每部作品都能获得几十万元版税,大家都说他真是一字千金。( )

(2)这部作品非常值得一字千金花高价购买。( )

（3）出版社付给作者一字千金的稿费。（　）

（4）这幅画太珍贵了，真的可以用一字千金来形容。（　）

（5）拍卖会上有一幅书法作品拍出了100万元的高价，真可谓一字千金。
（　）

2. 使用"一字千金"完成下列句子。

（1）他是这家网络文学网站的顶级写手，每年获得的出版、游戏、影视等方面的版权收益十分可观，这样算起来，_____。

（2）这位中国近代著名的书法大家存世的作品很少，这幅作品是其中的精品，_____。

（3）他的作品本来没有多少人知道，网上都找不到什么评论，谁知他一夜成名后，_____。

3. 将下列成语补充完整，并选择填空（可重复选择）。

A. ____穿杨　　B. 一字____　　C. 口若____

D. ____八斗　　E. 画龙____　　F. ____妙算

（1）比喻能预知事情的发展，或者根据预测的情况提前制定对策、提供资讯等等。____

（2）比喻射箭技艺高超，并引申为射击本领非常高强，枪法非常精准。____

（3）形容作品价值很高、书法作品非常珍贵。____

（4）比喻极有才华，尤其是指学问修养很高。____

（5）比喻说话、写文章等等，在关键部分处理得好，使内容更加生动。____

（6）形容能言善辩，也比喻十分健谈。____

（7）"诗仙"李白____，不少诗作都是一气呵成，连杜甫都非常崇拜他。

（8）听了那位演说家的演讲，我终于体会到了什么是____。

（9）这位神枪手为几百位观众现场展示了____的本领。

（10）客厅中的玉雕摆件精美无比，为雅致的环境____。

中国文化知识（十五）

二十四节气

二十四节气是中国传统农历的一部分，所谓"正月立春雨水节，二月惊蛰及春分。三月清明并谷雨，四月立夏小满方。五月芒种及夏至，六月小暑大暑当。七月立秋还处暑，八月白露秋分忙。九月寒露及霜降，十月立冬小雪张。冬月大雪与冬至，腊月小寒大寒昌"。二十四节气概括了一年中四季交替的时间以及大自然中一些物候等自然现象发生的规律，从秦汉时期起，已经成为中国人民安排农事活动的主要依据。

二十四节气中，"四立"即立春、立夏、立秋、立冬，代表着不同季节的开始，体现出四季的轮换。例如"立秋"是二十四节气中的第13个节气，"立秋"后天高气爽，月明风清，气温逐渐降低，早晚温差越来越大；同时，"立秋"也标志着开始收获，春华秋实指的就是作物成熟，开始兑现春天的承诺，因此，中国人常常说春生、夏长、秋收、冬藏。

在国际气象界，二十四节气被誉为"中国的第五大发明"。2006年，二十四节气被列入第一批国家级非物质文化遗产代表性项目名录；2016年列入联合国教科文组织人类非物质文化遗产代表作名录。

本章成语练习

选择合适的成语填空。

不耻下问　老当益壮　雪中送炭　一鸣惊人　刮目相看
如鱼得水　百步穿杨　一字千金　才高八斗　口若悬河

画龙点睛　神机妙算

1. 这位诗人幼年的时候并不算聪明，但是非常勤奋好学，20岁时撰写了一篇为众人所称道的文章，在文坛中＿＿＿＿＿＿，可谓＿＿＿＿＿＿，让从前不看好他的人对他＿＿＿＿＿＿。＿＿＿＿＿＿的他在翰林院中＿＿＿＿＿＿，一生创作了许多诗歌和文章，不少文章的结尾都有特别精妙的句子，起到＿＿＿＿＿＿的效果。尽管已经是文坛的领袖，然而在年轻人面前，他依旧能做到＿＿＿＿＿＿，为人十分谦和。遇到有困难的年轻人求助，他就尽力帮助，给予＿＿＿＿＿＿一般的关心，受到大家的爱戴。晚年的时候，他＿＿＿＿＿＿，完成了一部巨著的编纂工作。

2. 赤壁之战前，诸葛亮出使东吴，他＿＿＿＿＿＿，说服了孙权与曹操开战。最后凭借着周瑜卓越的军事才能，诸葛亮的＿＿＿＿＿＿，以及武将们＿＿＿＿＿＿的本领，赤壁之战以孙刘联军的胜利而告终。

各章练习答案

第一章　成语概述

1.（1）qǐ rén yōu tiān

　　比喻不必要的忧虑。

　（2）zhǐ shàng tán bīng

　　比喻空谈理论，不能解决实际问题。

　（3）jī quǎn shēng tiān

　　比喻一个人得势之后，和他有关系的人也跟随着发迹。

　（4）xué ér bú yàn

　　形容非常好学。

2.（1）× 流离失所

　（2）× 丰衣足食

　（3）× 南腔北调

　（4）× 狼狈为奸

　（5）× 病入膏肓

3.（1）×　（2）√　（3）×　（4）×

　（5）√　（6）×　（7）×

第二章　意蕴丰富的社会习俗

第一节　情缘与喜庆

一、门当户对

1.（1）×　（2）×　（3）√

　（4）×　（5）√

2. 略

3. 略

二、结发夫妻

1.（1）×　（2）√　（3）×　（4）√

2. 略

3. 略

三、琴瑟和谐

1.（1）×　（2）×　（3）×　（4）√

2. 略

3. 略

四、举案齐眉

1.（1）×　（2）×　（3）×

　（4）√　（5）×

2.（1）琴瑟和谐

　（2）举案齐眉／琴瑟和谐

　（3）门当户对／琴瑟和谐；结发夫妻

　（4）举案齐眉

3. 略

五、洞房花烛

1.（1）×　（2）√　（3）×　（4）×

2. 略

六、觥筹交错

1.（1）× （2）× （3）√ （4）×
　（5）√

2. 略

3.（1）E （2）D （3）C （4）B
　（5）A （6）F （7）A （8）D
　（9）F （10）B

第二节　人生与风采

一、弄璋之喜 / 弄瓦之喜

1.（1）× （2）× （3）×
　（4）√ （5）×

2. 略

3. 略

二、玉树临风

1.（1）× （2）√ （3）× （4）√

2. 略

3. 略

三、貌比潘安

1. 略

2. 略

3.（1）玉树临风 （2）貌比潘安
　（3）玉树临风 （4）貌比潘安

四、掌上明珠

1.（1）× （2）× （3）√
　（4）× （5）×

2. 略

五、兰心蕙质

1.（1）× （2）× （3）√ （4）×

2. 略

六、倾国倾城

1.（1）× （2）√ （3）× （4）×

2. 略

3.（1）倾国倾城 （2）玉树临风
　（3）兰心蕙质 （4）弄瓦之喜
　（5）貌比潘安 （6）掌上明珠
　（7）弄璋之喜

第三节　成长与荣耀

一、童言无忌

1. 略

2. 略

3. 略

二、青梅竹马

1.（1）× （2）× （3）√ （4）×
　（5）√

2. 略

三、龟年鹤寿

1.（1）× （2）√ （3）× （4）√

2. 略

3. 略

四、未卜先知

1. 略

2.（1）× （2）√ （3）× （4）×

3. 略

五、三生有幸

1.（1）× （2）× （3）√ （4）×

2. 略

六、蓬荜生辉

1.（1）× （2）× （3）× （4）×
　（5）× （6）√ （7）×

2. 略

3. 略

本章成语练习

门当户对；青梅竹马；觥筹交错；

结发夫妻；琴瑟和谐；举案齐眉；

三生有幸；弄瓦之喜；弄璋之喜；

兰心蕙质；掌上明珠；童言无忌；

玉树临风；貌比潘安；蓬荜生辉；

龟年鹤寿

第三章　富于启迪的历史典故

第一节　君王与诸侯

一、卧薪尝胆

1.（1）×　（2）×　（3）√　（4）×
　（5）√

2. 略

二、一鼓作气

1.（1）√　（2）×　（3）×　（4）×
　（5）√

2. 略

三、破釜沉舟

1. 略

2. 略

3.（1）卧薪尝胆　（2）破釜沉舟
　（3）破釜沉舟　（4）卧薪尝胆

四、四面楚歌

1. 略

2. 略

3. 略

五、三顾茅庐

1.（1）×　（2）√　（3）×　（4）×
　（5）×

2. 略

六、望梅止渴

1.（1）×　（2）√　（3）×　（4）×
　（5）√

2. 略

3.（1）勾践　（2）曹刿　（3）项羽
　（4）项羽　（5）刘备、诸葛亮
　（6）曹操

4.（1）望梅止渴　（2）卧薪尝胆
　（3）三顾茅庐　（4）一鼓作气
　（5）四面楚歌　（6）破釜沉舟

第二节　文臣与武将

一、老马识途

1.（1）×　（2）√　（3）×　（4）×
　（5）×　（6）√

2. 略

二、完璧归赵

1.（1）×　（2）√　（3）×　（4）×
　（5）√

2. 略

三、负荆请罪

1.（1）×　（2）√　（3）×　（4）√
　（5）√

2. 略

3. 略

四、悬梁刺股

1.（1）×　（2）×　（3）√　（4）×
　（5）√

2. 略

五、闻鸡起舞

1. 略

2. 略

3. 略

六、杯弓蛇影

1.（1）F H C　（2）H D E

（3）A H B

2. 略

3.（1）F　（2）B　（3）D　（4）C

（5）E　（6）A　（7）F　（8）B

（9）E　（10）A

第三节　谋士与文人

一、狡兔三窟 / 高枕无忧

1. 略

2. 略

3.（1）B　（2）C　（3）A

4.（1）狡兔三窟　高枕无忧

（2）高枕无忧　（3）狡兔三窟

二、毛遂自荐 / 脱颖而出

1.（1）×　（2）√　（3）×　（4）√

（5）×　（6）√

2. 略

3. 略

三、江郎才尽

1.（1）×　（2）√　（3）×　（4）×

（5）×

2. 略

四、磨杵成针

1.（1）×　（2）×　（3）√　（4）×

2. 略

五、胸有成竹

1.（1）×　（2）√　（3）×　（4）√

2. 略

3. A.兔、窟　B.无忧　C.自荐　D.脱颖

E.才尽　F.杵、针　G.胸、竹

（1）C　（2）B　（3）D　（4）F

（5）G　（6）A　（7）E　（8）B

（9）D　（10）E　（11）G　（12）C

本章成语练习

1. 卧薪尝胆；破釜沉舟；闻鸡起舞；

悬梁刺股；胸有成竹；脱颖而出

2. 望梅止渴　3. 杯弓蛇影　4. 磨杵成针

5. 江郎才尽；四面楚歌；

三顾茅庐；老马识途

6. 毛遂自荐；狡兔三窟；负荆请罪；

一鼓作气；高枕无忧；完璧归赵

第四章　含义深刻的寓言故事

第一节　与物品相关的譬喻

一、拔苗助长

1.（1）×　（2）√　（3）×　（4）×

（5）√

2. 略

3. 略

二、刻舟求剑

1. 略

2. 略

三、买椟还珠

1. 略

2. 略

四、南辕北辙

1.（1）×　（2）×　（3）√　（4）×

2. 略

五、掩耳盗铃

1.（1）× （2）× （3）√ （4）×

2. 略

六、自相矛盾

1. 略

2.（1）自相矛盾 （2）南辕北辙

3.（1）自相矛盾 （2）南辕北辙

（3）自相矛盾 （4）南辕北辙

（5）自相矛盾 （6）自相矛盾

4.（1）禾苗 （2）盒子、珍珠

（3）车辕、车辙 （4）矛、盾

（5）铃铛 （6）舟、剑

造句 略

第二节　与人物相关的譬喻

一、东施效颦

1. 略

2. 略

3. 略

二、邯郸学步

1. 略

2. 略

3.（1）东施效颦 （2）邯郸学步

（3）东施效颦 （4）邯郸学步

三、杞人忧天

1. 略

2. 略

3.（1）杞人忧天 （2）杯弓蛇影

（3）杞人忧天 （4）杯弓蛇影

四、塞翁失马

1.（1）√ （2）√ （3）× （4）×

（5）×

2. 略

五、愚公移山

1.（1）× （2）× （3）√ （4）×

（5）√ （6）×

2. 略

3.（1）愚公移山

（2）愚公移山/磨杵成针

（3）磨杵成针

（4）磨杵成针/愚公移山

六、郑人买履

1. 略

2.（1）郑人买履 （2）刻舟求剑

（3）郑人买履 （4）刻舟求剑

3.（1）杞人忧天 （2）邯郸学步

（3）愚公移山 （4）郑人买履

（5）塞翁失马 （6）东施效颦

第三节　与动物相关的譬喻

一、对牛弹琴

1.（1）× （2）√ （3）× （4）√

（5）×

2. 略

二、画蛇添足

1.（1）× （2）× （3）√ （4）√

（5）×

2. 略

三、黔驴技穷

1.（1）× （2）× （3）× （4）×

（5）√

2. 略

3.（1）江郎才尽 （2）黔驴技穷

（3）江郎才尽 （4）黔驴技穷

四、守株待兔

1.（1）×　（2）×　（3）√　（4）√

（5）×

2.略

五、亡羊补牢

1.（1）√　（2）×　（3）×　（4）√

2.（1）亡羊补牢　（2）塞翁失马

（3）亡羊补牢　（4）亡羊补牢

（5）塞翁失马

3.略

六、鹬蚌相争

1.（1）×　（2）√　（3）×　（4）√

（5）×

2.（1）鹬蚌相争，渔翁得利

（2）鹬蚌相争，渔翁得利

（3）鹬蚌相争

3. A.弹琴　B.守、待　C.亡、补

D.画、添　E.技穷　F.相争

（1）C　（2）E　（3）A　（4）D

（5）F　（6）B　（7）C　（8）A

（9）F　（10）D

本章成语练习

1.自相矛盾；掩耳盗铃；黔驴技穷

2.亡羊补牢；杞人忧天

3.拔苗助长　4.塞翁失马

5.东施效颦；对牛弹琴

6.鹬蚌相争　7.郑人买履　8.买椟还珠

9.刻舟求剑；南辕北辙；邯郸学步；

画蛇添足；愚公移山；守株待兔

第五章　充满幻想的奇妙传说

第一节　远古时代的神话

一、沧海桑田

1.（1）×　（2）√　（3）×　（4）×

2.略

二、开天辟地

1.（1）√　（2）×　（3）×　（4）×

（5）√

2.略

三、夸父逐日

1.（1）√　（2）√　（3）×　（4）×

2.略

四、精卫填海

1.（1）×　（2）×　（3）×　（4）√

2.略

五、女娲补天

1.（1）×　（2）√　（3）×

2.略

六、月里嫦娥

1.略

2.（1）月里嫦娥　（2）兰心蕙质

（3）倾国倾城　（4）女娲补天

3. A.填海　B.开天　C.补天

D.逐日　E.月里　F.沧海

（1）E　（2）A　（3）F　（4）B

（5）C　（6）D　（7）C　（8）A

（9）B　（10）F

第二节 民间故事的想象

一、八仙过海

1.（1）×　（2）×　（3）√　（4）×
　　（5）×

2.（1）青梅竹马　（2）举案齐眉
　　（3）塞翁失马　（4）亡羊补牢
　　（5）鹬蚌相争　（6）八仙过海

造句 略

二、火眼金睛

1.（1）√　（2）×　（3）×　（4）×
　　（5）√　（6）×

2. 略

三、牛郎织女

1.（1）×　（2）×　（3）√　（4）√

2. 略

四、松乔之寿

1. 略

2.（1）松乔之寿　（2）龟年鹤寿
　　（3）龟年鹤寿　（4）松乔之寿

五、天衣无缝

1.（1）×　（2）×　（3）√　（4）×
　　（5）√

2. 略

六、月下老人

1.（1）×　（2）√　（3）√　（4）√

2. 略

3.（1）八仙过海　（2）火眼金睛
　　（3）月下老人　（4）松乔之寿
　　（5）牛郎织女　（6）天衣无缝

本章成语练习

1. 沧海桑田　2. 夸父逐日

3. 精卫填海　4. 八仙过海

5. 月下老人；月里嫦娥；
　　松乔之寿；牛郎织女

6. 开天辟地　7. 天衣无缝；火眼金睛

8. 女娲补天

第六章　带有贬斥的隐喻表达

第一节　以物喻

一、暗箭伤人

1. 略

2. 略

二、呆若木鸡

1.（1）×　（2）√　（3）×　（4）√
　　（5）×

2. 略

3. 略

三、井底之蛙

1.（1）√　（2）×　（3）√　（4）×
　　（5）√　（6）×

2. 略

四、口蜜腹剑

1. 略

2.（1）口蜜腹剑
　　（2）口蜜腹剑 / 暗箭伤人
　　（3）暗箭伤人　（4）暗箭伤人
　　（5）口蜜腹剑

五、狼狈为奸

1.（1）×　（2）√　（3）×　（4）×

2. 略

六、鱼目混珠

1.（1）√ （2）× （3）× （4）√
　（5）√

2. 略

3. 略

4. A.呆若　B.伤人　C.蜜、剑
　D.混珠　E.为奸　F.之蛙
　（1）D　（2）F　（3）A　（4）E
　（5）B　（6）C　（7）D　（8）F
　（9）E　（10）C

第二节　以事指

一、东窗事发

1.（1）√ （2）× （3）√ （4）×

2. 略

二、滥竽充数

1. 略

2.（1）滥竽充数　（2）滥竽充数
　（3）鱼目混珠／滥竽充数
　略

三、南柯一梦

1.（1）× （2）× （3）× （4）×
　（5）√

2. 略

四、夜郎自大

1.（1）× （2）√ （3）× （4）√

2. 略

3.（1）坐井观天　（2）夜郎自大
　（3）夜郎自大　（4）坐井观天

五、朝三暮四

1.（1）√ （2）× （3）× （4）√

2. 略

六、指鹿为马

1. 略

2. 略

3. A.自大　B.朝、暮　C.充数
　D.鹿、马　E.南柯　F.事发
　（1）E　（2）D　（3）F　（4）A
　（5）B　（6）C　（7）C　（8）E
　（9）F　（10）D

本章成语练习

1. 口蜜腹剑；暗箭伤人；狼狈为奸；
　指鹿为马；东窗事发；南柯一梦

2. 朝三暮四　3. 呆若木鸡　4. 鱼目混珠

5. 滥竽充数；井底之蛙；夜郎自大

第七章　洋溢赞美的语言妙喻

第一节　品性与智慧

一、不耻下问

1.（1）× （2）× （3）× （4）×
　（5）√ （6）×

2. 略

二、刮目相看

1.（1）× （2）√ （3）× （4）×
　（5）√

2.（1）√ （2）√ （3）√ （4）×

三、老当益壮

1.（1）√ （2）× （3）× （4）×
　（5）√

2. 略

四、如鱼得水

1.（1）× （2）× （3）× （4）√

（5）√

2. 略

五、雪中送炭

1.（1）×　（2）√　（3）√　（4）×

2. 略

六、一鸣惊人

1. 略

2. 略

3.（1）雪中送炭　（2）一鸣惊人

（3）不耻下问　（4）老当益壮

4. A.下问　B.益壮　C.送炭

D.惊人　E.相看　F.得水

（1）B　（2）F　（3）A　（4）C

（5）D　（6）E　（7）D　（8）E

（9）F　（10）C

第二节　本领与才能

一、百步穿杨

1.（1）百步穿杨/百发百中

（2）百发百中

（3）百步穿杨/百发百中

（4）百发百中

（5）百发百中

（6）百发百中

（7）百发百中

2. 略

二、才高八斗

1.（1）√　（2）√　（3）×　（4）√

（5）×

2. 略

三、画龙点睛

1. 略

2. 略

四、口若悬河

1.（1）×　（2）√　（3）×　（4）×

2. 略

3.（1）才高八斗

（2）口若悬河

（3）才高八斗

（4）才高八斗；口若悬河

五、神机妙算

1.（1）√　（2）×　（3）×　（4）√

2. 略

六、一字千金

1.（1）×　（2）×　（3）×　（4）×

（5）√

2. 略

3. A.百步　B.千金　C.悬河

D.才高　E.画龙　F.神机

（1）F　（2）A　（3）B　（4）D

（5）E　（6）C　（7）D　（8）C

（9）A　（10）E

本章成语练习

1. 一鸣惊人；一字千金；刮目相看；
才高八斗；如鱼得水；画龙点睛；
不耻下问；雪中送炭；老当益壮

2. 口若悬河；神机妙算；百步穿杨

总测试卷

一、写出下列成语所涉及的历史人物，并造句或者说明使用语境（每题2分，共20分）

A. 项羽   B. 曹操   C. 越王勾践   D. 孟尝君和冯谖   E. 廉颇和蔺相如
F. 管仲   G. 曹刿   H. 祖逖和刘琨   I. 文同   J. 乐广

1. 高枕无忧（　　）_____
2. 负荆请罪（　　）_____
3. 四面楚歌（　　）_____
4. 老马识途（　　）_____
5. 一鼓作气（　　）_____
6. 卧薪尝胆（　　）_____
7. 望梅止渴（　　）_____
8. 胸有成竹（　　）_____
9. 杯弓蛇影（　　）_____
10. 闻鸡起舞（　　）_____

二、将下列成语补充完整,并选择填空(补充每题1分,选择填空每题1分,共10分)

A. _____，两小无猜　　　B. _____，焉知非福

C. _____，各显神通　　　D. _____，渔翁得利

E. _____，相敬如宾

1. 今年新年期间，各个商家的优惠措施多种多样，为了促销真可谓 ____。

2. 王献之的前妻是他母亲的外甥女，比他年长一岁，也就是他的表姐，两人 ____。

3. ____ 是非常值得称道的夫妻相处模式。

4. 他因为工作太忙抽不出时间参加旅行而躲过了这次车祸，朋友听说后感慨道："____，果然如此。"

5. 如果你们再这样内讧下去，____ 是迟早的事情。

三、选择合适的成语填空（每题 1 分，共 20 分）

亡羊补牢　口若悬河　狼狈为奸　开天辟地　一字千金
画龙点睛　东窗事发　沧海桑田　老当益壮　东施效颦
天衣无缝　掩耳盗铃　才高八斗　画蛇添足　对牛弹琴
百步穿杨　悬梁刺股　南柯一梦　毛遂自荐　呆若木鸡

1. 你和他这种不讲理的人讲道理，根本就是 _____。

2. 这幅书法作品是古代著名书法家的真迹，当然是 _____。

3. 很多人都认为他是一位 _____ 的演讲者。

4. 弟弟自以为在妈妈进房间时把游戏机藏起来，妈妈就发现不了自己玩游戏，岂知他这样做就是在 _____。

5. 在决赛中，我们的队员们配合得 _____，最终赢得了冠军。

6. 你化妆本来画得很好看，但是涂上这种颜色太过鲜艳的口红，就显得 _____ 了。

7. 他是一位 _____ 的学者，在古文字学、历史学等方面造诣很深。

8. 全面消除绝对贫困的伟大事业在人类历史上具有 _____ 的意义。

9. 你过去学习不够努力，现在 _____，赶紧追上进度，还为时未晚。

10. 一个偷车，一个抢包，朱某与黄某两个人 _____，在被抓获前已作案多起。

11. 他将公司资金 20 余万元非法占为己有后，办起了自己的公司，近日终于 _____，落入法网。

12. 热心的小区居民纷纷 _____，争当此次活动的志愿者。

13. 这篇演讲稿中结尾的排比句很有气势，起到了_____的作用。

14. 噩耗突然传来，她顿时_____，仿佛什么都听不见了。

15. 期末考试就要到了，为了取得好成绩，他_____，日以继夜地努力复习。

16. 各国射箭高手将在明天的决赛中展现他们_____的绝技。

17. 不少老年人_____，在退休之后选择创业。

18. 40多年过去了，汽车行业的发展变化带给我们_____的感觉。

19. 他创办的多家公司曾经十分成功，但随后都相继失败，最终成了_____。

20. 近年来多个综艺节目都陷入了_____的窘境，观众流失十分严重。

四、判断对错（每题1分，共10分）

1. 他在这家公司工作了十几年，是一个老马识途的职员，老板非常信任他。（　）

2. 为了邀请这位歌手参加节目，导演三顾茅庐地打电话、发微信，真可谓诚心之极。（　）

3. 他的儿子昨天满月，请了三桌满月酒，以此庆祝弄璋之喜。（　）

4. 婚礼上觥筹交错，非常热闹。（　）

5. 用我们公司生产的家具，一定会使您的居室蓬荜生辉。（　）

6. 她非常尊敬自己的丈夫，对他相敬如宾。（　）

7. 他把这辆豪华汽车当作自己的掌上明珠。（　）

8. 今天是爷爷80岁生日，我们祝他龟年鹤寿。（　）

9. 朋友的汽车丢了，不过由于购买过保险，得到了保险公司的赔款，这真是塞翁失马。（　）

10. 她长得不漂亮，所以就模仿自己喜欢的明星去整容，结果失败了，这就是东施效颦呀。（　）

五、根据括号中的成语完成句子（每题 2 分，共 10 分）

1. 事情的发展与他说的居然一模一样，_____？（未卜先知）

2. 他们队本来处于劣势，_____，最终取得了胜利。（破釜沉舟）

3. 在这次初赛中小李本来成绩平平，可是后来他就像一匹黑马，_____。（脱颖而出）

4. 他已经成家立业了，你这么担心他，_____？（杞人忧天）

5. 任何文字上的疏漏都逃不过这个编辑的眼睛，_____。（火眼金睛）

六、举例说明下面 3 组成语在使用中有什么相同和不同。（每组 5 分，共 15 分）

1. 愚公移山和精卫填海

_____

2. 滥竽充数和鱼目混珠

_____

3. 刻舟求剑和郑人买履

_____

七、问答题（15 分）

请以本课程中学过的一个或者几个成语为例，谈谈你所了解的中国文化与风俗。（300 字以上）

总测试卷答案

一、写出下列成语所涉及的历史人物,并造句或者说明使用语境

1. 高枕无忧(D.孟尝君和冯谖)

2. 负荆请罪(E.廉颇和蔺相如)

3. 四面楚歌(A.项羽)

4. 老马识途(F.管仲)

5. 一鼓作气(G.曹刿)

6. 卧薪尝胆(C.越王勾践)

7. 望梅止渴(B.曹操)

8. 胸有成竹(I.文同)

9. 杯弓蛇影(J.乐广)

10. 闻鸡起舞(H.祖逖和刘琨)

造句或说明使用语境略

二、将下列成语补充完整,并选择填空

A.青梅竹马,两小无猜

B.塞翁失马,焉知非福

C.八仙过海,各显神通

D.鹬蚌相争,渔翁得利

E.举案齐眉,相敬如宾

1.C 2.A 3.E 4.B 5.D

三、选择合适的成语填空

1. 对牛弹琴
2. 一字千金
3. 口若悬河
4. 掩耳盗铃
5. 天衣无缝
6. 画蛇添足
7. 才高八斗
8. 开天辟地
9. 亡羊补牢
10. 狼狈为奸
11. 东窗事发
12. 毛遂自荐
13. 画龙点睛
14. 呆若木鸡
15. 悬梁刺股
16. 百步穿杨
17. 老当益壮
18. 沧海桑田
19. 南柯一梦
20. 东施效颦

四、判断对错

1. ×
2. ×
3. √
4. √
5. ×
6. ×
7. ×
8. √
9. ×
10. √

五、根据括号中的成语完成句子

略

六、举例说明下面 3 组成语在使用中有什么相同和不同。

略

七、问答题

略

《国际中文教育中文水平等级标准》成语释义及运用示例

四级

五颜六色（wǔ yán liù sè）
色彩复杂或花样繁多。
例句：花园里盛开着五颜六色的花朵，色彩缤纷，真是美极了。

五级

酸甜苦辣（suān tián kǔ là）
指各种味道。比喻幸福、痛苦等各种境遇。
例句：爷爷一大半辈子颠沛流离，尝尽了生活的酸甜苦辣，晚年才过上安稳的日子。

六级

1. **一模一样**（yì mú yí yàng）
样子完全一样。
例句：这对双胞胎姐妹长得一模一样，分不清谁是姐姐谁是妹妹。

2. **意想不到**（yì xiǎng bú dào）
没有想到，发生的事情在预想之外。
例句：动物世界里有很多我们人类意想不到的奇迹。

3. **自言自语**（zì yán zì yǔ）
自己对自己说话。
例句：他这个人很奇怪，经常自言自语，很少和别人说话。

七级—九级

1. **挨家挨户**（āi jiā āi hù）
挨：依次、顺次。挨家挨户的意思是依次一家接着一家。
例句：小明挨家挨户地寻找丢失的小狗。

2. **爱不释手**（ài bú shì shǒu）
爱：喜爱。释：放下。爱不释手的意思是喜爱得舍不得放手。
例句：你送的这套精美茶具太漂亮了，真是让我爱不释手。

3. **爱理不理**（ài lǐ bù lǐ）
不喜欢理睬别人，对人态度冷漠。
例句：恋爱了一段时间之后，男朋友经常对她爱理不理，最终他们分手了。

4. 半途而废（bàn tú ér fèi）

途：路。废：停止。半途而废的意思是路走到一半就停止了。比喻事情做到一半就放弃了。

例句：3000米长跑比赛中，他跑到中途退出了比赛，半途而废，非常可惜。

5. 半信半疑（bàn xìn bàn yí）

信：相信。疑：不相信。半信半疑的意思是一半相信、一半不相信，不敢肯定真假。

例句：小金对我们说："我和那个大明星一起吃过饭。"我们半信半疑。

6. 半真半假（bàn zhēn bàn jiǎ）

一半是真实的，一半是虚假的，不是完全真实的。

例句：他说话经常半真半假，让人很难完全相信。

7. 暴风骤雨（bào fēng zhòu yǔ）

暴：猛烈。骤：快速、突然。暴风骤雨的意思是突然到来的、急速的、猛烈的风雨。比喻事情猛烈发生、发展的态势。

例句：辛亥革命如同暴风骤雨一样，迅速地席卷全国。

8. 悲欢离合（bēi huān lí hé）

指人生中遇到的悲伤、快乐、别离、团聚等4种经历。形容生活中遇到的各种事件，以及产生的各种心情。

例句：数年战争中，他和家人经历了多次分别和重聚，尝尽了悲欢离合。

9. 比比皆是（bǐ bǐ jiē shì）

比比：一个挨一个，引申为到处。比比皆是的意思是事物或现象到处都是，能够经常见到。

例句：在旱灾严重的地区，吃不上饭的人比比皆是。

10. 变幻莫测（biàn huàn mò cè）

莫：不能。测：预测。变幻莫测的意思是事物变化很多，很难去预测。

例句：沙漠中的天气情况变幻莫测，我们一定要做好充分的准备。

11. 别具匠心（bié jù jiàng xīn）

别：另外的，与众不同的。匠心：巧妙的构思。别具匠心的意思是具有与众不同的巧妙构思，多用来形容文学艺术方面。

例句：这位著名导演对电影镜头艺术的运用别具匠心。

12. 彬彬有礼（bīn bīn yǒu lǐ）

彬彬：文雅的样子。彬彬有礼的意思是文雅有礼貌的样子，多用来形容个人修养和作风。

例句：下课后，她彬彬有礼地向老师鞠躬表示感谢。

13. 不亦乐乎（bú yì lè hū）

乎：表疑问的语气词"吗"。不亦乐乎原来的意思是"不也是很快乐的吗"，现在用来表示程度极深。

例句：公司来了新的客户，这些天真是把我忙了个不亦乐乎。

14. 不翼而飞（bú yì ér fēi）

不：没有。翼：翅膀。不翼而飞的意思是没有长翅膀却飞走了。形容东西突然不见了。

例句：锁在保险柜里的 10 万元现金不翼而飞了，他果断选择向警察求助。

15. 不正之风（bú zhèng zhī fēng）

不正当、不正常的社会风气。

例句：他常常写文章批判当今社会上的各种不正之风。

16. 不耻下问（bù chǐ xià wèn）

不耻：不以……为羞耻。下问：向不如自己的人请教。不以向地位、学问等方面不如自己的人请教为羞耻。比喻虚心求教，谦虚好学。

例句：孔子不耻下问，主动向弟子询问自己不懂的事情。

17. 不辞而别（bù cí ér bié）

辞：告辞、辞行。别：离开。不辞而别的意思是不向别人告辞就离开了。

例句：第二天早晨，她发现他不辞而别，连一封信、一张纸条也没留下。

18. 不得而知（bù dé ér zhī）

没有办法知道。

例句：这起案件已经过去了 30 年，依然没找到凶手，真相已经不得而知。

19. 不假思索（bù jiǎ sī suǒ）

假：凭借、依靠。不假思索的意思是不经过思考就做某件事。

例句：这道题目非常简单，他不假思索地说出了答案。

20. 不可避免（bù kě bì miǎn）

避免：设法使某一情况不发生。不可避免的意思是指无法使某一情况不发生。

例句：我们两家公司同时希望获得这个项目，不可避免要产生竞争。

21. 不可思议（bù kě sī yì）

思议：想象，理解。不可思议原本是佛教用语，指神秘、深奥，现在多用来形容事情无法想象、难以理解。

例句：他在这个年纪还能再创造这个项目新的世界纪录，真不可思议。

22. 不了了之（bù liǎo liǎo zhī）

了：了却、完结。不了了之的意思是应该做完的事情没有做完，放在一边不去管它，就算完事。多指把事情搁置，不去解决。

例句：这家化学工厂的安全问题引起了很大争议，但最后却不了了之。

23. 不为人知（bù wéi rén zhī）

为：被。不为人知的意思是事情不被人知道。

例句：广阔的宇宙中有许多不为人知的奥秘。

24. 不相上下（bù xiāng shàng xià）
质量、水平等非常接近，分不出高低好坏。
例句：乒乓球比赛中，两位选手的实力不相上下，赛场上的竞争非常激烈。

25. 不以为然（bù yǐ wéi rán）
然：是，对。不以为然的意思是不认为是对的，表示否定。
例句：他对老师的批评不以为然，仍然坚持自己的想法。

26. 不由自主（bù yóu zì zhǔ）
主：决定、做主，主动（控制）。不由自主的意思是由不得自己，不受自己的控制。
例句：听到这优美的音乐，她不由自主地跟着唱了起来。

27. 不约而同（bù yuē ér tóng）
约：约定。同：一起。不约而同的意思是没有提前约定好，但相互保持一致做同样的事。
例句：这场精彩的歌剧表演结束后，剧场内所有的观众不约而同地热烈鼓掌。

28. 不知不觉（bù zhī bù jué）
没有感觉到，没有察觉到。
例句：他们在河边散步，不知不觉中已经走了一个小时。

29. 层出不穷（céng chū bù qióng）
层：重复，接连不断。穷：完、尽。层出不穷的意思是人物、事物或言论、观点等接连不断地出现。
例句：对黑洞的研究才刚刚开始，新的理论层出不穷。

30. 成千上万（chéng qiān shàng wàn）
成：达到一定数量。成千上万的意思是数量非常多。
例句：国庆黄金周期间，不少景点都会接待成千上万的游客。

31. 成群结队（chéng qún jié duì）
很多的人或者动物聚集在一起，形容人或动物很多。
例句：秋天到了，大雁成群结队地向南方飞去。

32. 诚心诚意（chéng xīn chéng yì）
诚：真诚。诚心诚意的意思是心意非常真挚诚恳。
例句：大家帮助她解决了难题，她诚心诚意地表达了谢意。

33. 乘人之危（chéng rén zhī wēi）
乘：趁机。乘人之危的意思是趁着别人处在危难时进行威胁或者打击。
例句：他出售这幅家藏的古画是为了给父亲治病，你可不能乘人之危，故意压低价格。

34. 持之以恒（chí zhī yǐ héng）
持：坚持。恒：长久。持之以恒的意思是长久地坚持下去，不中途停下或放弃。

例句：王爷爷今年80多岁了，身体还硬朗得很，这与他持之以恒地进行身体锻炼很有关系。

35. 愁眉苦脸（chóu méi kǔ liǎn）

皱着眉毛，哭丧着脸。形容愁苦的神色。

例句：他的家庭遭遇了变故，所以最近他一直愁眉苦脸。

36. 出口成章（chū kǒu chéng zhāng）

章：文章。出口成章的意思是说出来的话就是一篇文章。形容知识丰富、思维敏捷或擅长辞令。

例句：这位教授知识非常渊博，无论是讲课还是做报告都能出口成章。

37. 出人意料（chū rén yì liào）

出：超出。出人意料的意思是超出人的意料之外。

例句：这位世界排名第一的网球选手第一场比赛就输了，非常出人意料。

38. 触目惊心（chù mù jīng xīn）

触：接触。触目惊心的意思是看到某种严重的情况，内心感到震惊。

例句：惨烈的车祸现场让人触目惊心。

39. 川流不息（chuān liú bù xī）

川：水流。息：停止。川流不息的意思是行人、汽车像水流一样连续不断地行进。

例句：高架桥上的汽车川流不息。

40. 垂头丧气（chuí tóu sàng qì）

垂：低垂。丧：丧失。垂头丧气的意思是低着头，失去了气势，无精打采的样子。形容受到挫折后沮丧的样子。

例句：他考试成绩不理想，一整天都垂头丧气的。

41. 此起彼伏（cǐ qǐ bǐ fú）

起：起来。伏：倒下。此起彼伏的意思是这里倒下了，那里却起来了，形容事件的发生一波接着一波，接连不断。

例句：该国大革命时期，争取自由民主的斗争此起彼伏。

42. 从容不迫（cóng róng bú pò）

迫：急迫。从容不迫的意思是行动举止舒缓，不慌不忙，非常镇定。

例句：遇到困难我们一定要有好的心态，一定要从容不迫地去面对。

43. 粗心大意（cū xīn dà yì）

粗：粗糙。粗心大意的意思是轻率、粗略，形容做事不细心，随便马虎。

例句：他做事情粗心大意，经常把随身物品忘在其他地方。

44. 措手不及（cuò shǒu bù jí）

措手：着手处理。不及：来不及。措手不及的意思是来不及出手应付。

例句：突然涌入商店的大批顾客让售货员们措手不及。

45. 错综复杂（cuò zōng fù zá）
错：交叉、交错。综：合在一起。错综复杂的意思是很多事交错在一起，情况非常复杂。
例句：现在的国际局势错综复杂，我们要保持理性的思维。

46. 大包大揽（dà bāo dà lǎn）
把事情、任务全部包揽过来。
例句：一开始他对这件事大包大揽，表示绝对可以解决问题，但最后根本处理不了。

47. 大吃一惊（dà chī yì jīng）
非常吃惊、极为惊奇（包含不相信或出乎意料的心理）。
例句：他平时不爱说话，在辩论比赛上却表现出色，令人大吃一惊。

48. 大公无私（dà gōng wú sī）
公：公平、公正。私：私心。大公无私的意思是办事公正，没有私心。
例句：他全心全意为人民群众服务，不计较个人利益，是一位大公无私的好官员。

49. 大街小巷（dà jiē xiǎo xiàng）
大大小小的街道胡同，指城市里的各处地方。
例句：国庆节到了，大街小巷彩旗飞扬，到处都是喜庆的氛围。

50. 大惊小怪（dà jīng xiǎo guài）
对不值得惊讶的事情，表现得过分惊讶。

例句：姐姐看到一只小甲壳虫就尖叫起来，真是大惊小怪。

51. 大名鼎鼎（dà míng dǐng dǐng）
鼎鼎：盛大的样子。大名鼎鼎的意思是名气很大。
例句：她是大名鼎鼎的电影明星。

52. 大模大样（dà mú dà yàng）
形容态度傲慢、目中无人的样子。
例句：他不理会周围的人们，大模大样地走了过去。

53. 大同小异（dà tóng xiǎo yì）
异：不同。大同小异的意思是大体相同，略有差异。
例句：你们两个人的观点大同小异，不要再争论了。

54. 大有可为（dà yǒu kě wéi）
前途很有希望，很值得去做。
例句：国家为西部地区发展提供了特殊的政策支持，你毕业之后到那里创业大有可为。

55. 当务之急（dāng wù zhī jí）
当：现在。务：事务、任务。急，急切的事。当务之急的意思是现在最需要解决的事。
例句：来到一个陌生的城市，当务之急是解决住宿问题。

56. 当之无愧（dāng zhī wú kuì）
当：承担。愧：惭愧。当之无愧的意思是

完全够资格、条件去承担某种荣誉或地位，不需要感到惭愧。

例句：鲁迅先生是中国现代当之无愧的伟大文学家。

57. 得不偿失（dé bù cháng shī）

得：得到的东西。偿：补偿。得不偿失的意思是得到的无法补偿失去的，所得的利益无法抵消所受到的损失。

例句：我们得到了巨大的经济效益，却对自然生态造成了不可逆的损害，这就是得不偿失。

58. 得天独厚（dé tiān dú hòu）

天：天然。厚：优厚。得天独厚的意思是独具特殊优越的条件或者所处环境很好，也指人的天赋、机遇非常好。

例句：黑土地非常适合耕种，东北地区的农业发展有着得天独厚的自然地理环境。

59. 得意扬扬（dé yì yáng yáng）

形容非常得意的样子，也作"得意洋洋"。

例句：他享受着周围人们羡慕的眼光，一脸得意扬扬的样子。

60. 东奔西走（dōng bēn xī zǒu）

东、西都是"到处"的意思，并不是实指的"向东""向西"。东奔西走的意思是到处奔波走动，多指为生活所迫或为了某一目的四处奔走活动。

例句：他为了打开产品销路而东奔西走，终于取得了成功。

61. 东张西望（dōng zhāng xī wàng）

这里那里到处看。

例句：小明上课时总是东张西望，不认真听讲。

62. 独一无二（dú yī wú èr）

独：唯一的。独一无二的意思是只有一个，没有相同或没有可以相比的。

例句：这件青铜器是独一无二的国宝。

63. 耳目一新（ěr mù yì xīn）

听到的、看到的和以前完全不同，让人感到很新鲜。

例句：30多年后他回到了家乡，翻天覆地的变化让他耳目一新。

64. 耳熟能详（ěr shú néng xiáng）

熟：熟悉。详：细说。耳熟能详的意思是听得多了，能详细、清楚地复述出来。

例句："失败是成功之母"，这是我们耳熟能详的一句话。

65. 耳闻目睹（ěr wén mù dǔ）

闻：听到。睹：看到。耳闻目睹的意思是亲耳听到，亲眼看到。

例句：这位作家把许多耳闻目睹的事情写进了小说。

66. 发愤图强（fā fèn tú qiáng）

发愤：决心努力。图：试图。发愤图强的意思是决心奋斗，努力谋求强大。

例句：他发愤图强，勤奋地读书学习，终于有所成就。

67. 发扬光大（fā yáng guāng dà）
发：发展、提倡。扬：弘扬。光：辉煌。大：盛大。发扬光大的意思是让美好的事物传扬出去，得到发展和提高。
例句：艰苦奋斗是中华民族的传统美德，应该发扬光大。

68. 翻天覆地（fān tiān fù dì）
覆：翻过来。翻天覆地的意思是变化得巨大而且彻底。
例句：经过几十年的建设，这座落后的小城市发生了翻天覆地的变化，变成了一座现代化大都市。

69. 废寝忘食（fèi qǐn wàng shí）
废：放弃。寝：睡觉。废寝忘食的意思是不睡觉，也忘记了吃饭。形容非常专心努力。
例句：经过数研发人员连续3年废寝忘食的努力，一种新药终于问世了。

70. 沸沸扬扬（fèi fèi yáng yáng）
沸沸：沸腾的水翻滚的样子。扬扬：喧闹的样子。沸沸扬扬的意思是像沸腾的水一样喧闹，形容人声喧闹，议论纷纷。
例句：他破产的消息在小镇上沸沸扬扬地传开了。

71. 丰富多彩（fēng fù duō cǎi）
内容丰富，种类多样。

例句：学校每周都会组织文艺表演或展览活动，学生的课余生活丰富多彩。

72. 风餐露宿（fēng cān lù sù）
露：露天，在外面。宿：住宿。风餐露宿的意思是在野外的风雨中吃饭，在露天的环境中睡觉。形容旅途或野外工作的辛苦。
例句：为了采集矿石样本，科研人员在野外风餐露宿，十分辛苦。

73. 风和日丽（fēng hé rì lì）
风很温和，阳光灿烂。形容晴朗暖和的天气。
例句：春天到了，阳光明媚，风和日丽，我们走在公园里，心情非常愉快。

74. 峰回路转（fēng huí lù zhuǎn）
山路随着山峰回转。比喻经历挫折、失败后，事情出现了新的转机。
例句：本以为这件事没希望了，突然间峰回路转，又有办法可以解决了。

75. 改邪归正（gǎi xié guī zhèng）
邪：不正当、不正派。归：回到。改邪归正的意思是从邪路回到正路上，不再做坏事。
例句：为了让犯错误的人能够改邪归正，我们应该给他们一些机会。

76. 格格不入（gé gé bú rù）
格格：阻碍，隔阂。入：融合。格格不入的意思是彼此不协调、不相容。
例句：她这身衣服穿得太过随便，与礼堂中严肃的氛围格格不入。

77. 各奔前程（gè bèn qián chéng）

奔：投向、奔往。前程：前途。各奔前程的意思是每个人按照不同的志向，投向自己的前途。

例句：大学毕业后，同学们都各奔前程，彼此之间逐渐失去了联系。

78. 各式各样（gè shì gè yàng）

式：款式、方式。各式各样的意思是许多不同的样式或者方式。

例句：百货商店的货架上摆放着各式各样的衣服。

79. 根深蒂固（gēn shēn dì gù）

根：植物的根。蒂：果实和根、茎相连的部分。根深蒂固的意思是基础非常牢固，很难去动摇。

例句：一些老旧的思想根深蒂固，不是可以轻易改变的。

80. 沽名钓誉（gū míng diào yù）

沽：买。钓：用饵让鱼上钩，比喻骗取。沽名钓誉的意思是用某种不正当的手段获得名声和荣誉。

例句：他是一个不用心工作，只喜欢沽名钓誉、为自己谋求利益的人。

81. 孤陋寡闻（gū lòu guǎ wén）

陋：浅陋。寡：少。孤陋寡闻的意思是知识或者世事知道得少。形容学识浅陋，见识较少。

例句：他连鲁迅是谁都不知道，实在是孤陋寡闻。

82. 顾全大局（gù quán dà jú）

能够考虑到整体的利益，不为了个人的利益对整体造成影响。

例句：作为企业的领导者，你要顾全大局，不能只想着自己的利益。

83. 光明磊落（guāng míng lěi luò）

磊落：内心正大光明。光明磊落的意思是心思或者行为正直、坦白，没有不可告人的事情。

例句：他为人做事光明磊落，从来不做坏事，也从来不在背后议论其他人。

84. 归根到底（guī gēn dào dǐ）

归结到根本上，指事情的本质。

例句：人和人之间的较量，归根到底体现在3个方面：一是理想，二是方法，三是毅力。

85. 骇人听闻（hài rén tīng wén）

骇：让人震惊或害怕。骇人听闻的意思是让人听了非常震惊或害怕，多用来形容凶残或悲惨的事情。

例句：战争中那些虐杀平民百姓的残忍罪行，实在是骇人听闻。

86. 合情合理（hé qíng hé lǐ）

在人情和道理方面都非常合适。

例句：这个方案制定得合情合理，可以实施。

87. 鹤立鸡群（hè lì jī qún）

一只鹤站在一群鸡之间。比喻才能或者仪表非常出众。

例句：他的业务能力非常出色，在公司的销售员中鹤立鸡群。

88. 横七竖八（héng qī shù bā）

有的横着，有的竖着。形容横竖错杂，杂乱无章，很不整齐。

例句：木料加工厂的空地上横七竖八地放着许多木材，给人一种杂乱的感觉。

89. 哄堂大笑（hōng táng dà xiào）

屋子里的人同时大笑。

例句：台上的喜剧表演达到高潮一幕时，台下的观众们哄堂大笑。

90. 后顾之忧（hòu gù zhī yōu）

顾：向后看。后顾之忧的意思是来自后方的忧患，指在前进的过程中，担心后方出现问题。

例句：粮食和武器供应非常充足，军队的这次行动没有后顾之忧。

91. 呼风唤雨（hū fēng huàn yǔ）

使刮风下雨，原指神仙道士的法力，现在比喻能够支配自然或左右某种局面。有时也比喻进行煽动性的活动。

例句：他依靠显赫的家庭，总以为自己可以呼风唤雨、任性而为。

92. 胡思乱想（hú sī luàn xiǎng）

没有根据、不切实际地胡乱思考。

例句：他一会儿担心自己会生病，一会儿担心自己失去工作，真是胡思乱想。

93. 化险为夷（huà xiǎn wéi yí）

化：化解。险：险阻。夷：平坦。化险为夷的意思是将危险化解为平安，转危为安。

例句：经过医生的抢救，突发心脏病的他终于化险为夷。

94. 画龙点睛（huà lóng diǎn jīng）

画龙的时候先画好龙的全身，最后在眼眶内点上眼珠。比喻说话、写文章等，在关键部分处理得好，使内容更加生动；也用来比喻适当用了某些东西，使事物的整体效果更加出色。

例句：这幅山水画上的几个人物给整幅画带来了生机，起到了画龙点睛的效果。

95. 画蛇添足（huà shé tiān zú）

画蛇的时候给蛇画上脚。比喻多此一举，不但对事情没有帮助，反而会带来不利。

例句：这篇文章写得不错，但是最后一段有些画蛇添足，建议把它删掉。

96. 恍然大悟（huǎng rán dà wù）

恍然：猛然清醒的样子。悟：心里明白。恍然大悟的意思是一下子明白过来。

例句：他指出了解答这道数学题的关键一步，我这才恍然大悟。

97. 绘声绘色（huì shēng huì sè）

绘：描绘。绘声绘色的意思是把人物的声音、神色都描绘出来了。形容叙述或描写得非常生动逼真。

例句：这部小说的文字绘声绘色地描述了武打的场景，让读者有看电影的感觉。

98. 记忆犹新（jì yì yóu xīn）

犹：犹如，就像。记忆犹新的意思是已经过去的事，直到现在记忆还很深刻，就像刚发生的一样。

例句：那场毕业晚会给他留下了深刻的印象，尽管过去了十几年，但那天晚上的情景他还记忆犹新。

99. 家喻户晓（jiā yù hù xiǎo）

喻：明白。晓：知道。家喻户晓的意思是家家户户都知道。形容某人或某个事物非常有名。

例句：他是中国家喻户晓的电影明星。

100. 坚持不懈（jiān chí bú xiè）

懈：松懈、懈怠。坚持不懈的意思是坚持到底，毫不松懈。

例句：经过坚持不懈的刻苦钻研，他终于成为著名的学者。

101. 见钱眼开（jiàn qián yǎn kāi）

看到钱财，眼睛就睁大了。形容非常贪图钱财。

例句：他是一个见钱眼开的商人，为了金钱常常违背道德。

102. 见仁见智（jiàn rén jiàn zhì）

对于同一个问题，不同的人从不同的立场或角度出发，有着不同的观点。

例句：孩子应该是"富养"还是"穷养"？这是一个见仁见智的问题。

103. 见义勇为（jiàn yì yǒng wéi）

义：正义的事。见义勇为的意思是看到正义的事就勇敢地去做。

例句：他见义勇为，不顾危险上前制止正在行凶的歹徒。

104. 交头接耳（jiāo tóu jiē ěr）

交：相交。接：靠近。交头接耳的意思是头靠着头、嘴凑近耳朵。形容两个人在近距离地低声交谈。

例句：语文课上，小明和小强一直在交头接耳，受到了老师的严厉批评。

105. 接二连三（jiē èr lián sān）

一个接着一个，接连不断地到来。

例句：许多食品安全问题被接二连三地曝光出来，人们感到愤怒又不安。

106. 节衣缩食（jié yī suō shí）

节、缩：节省。节衣缩食的意思是把衣服和食物都节省下来。形容十分节约。

例句：他们夫妻两人多年来节衣缩食，只为了买下一套属于自己的房子。

107. 截然不同（jié rán bù tóng）

截然：很分明地、断然分开的样子。截然不同的意思是毫无相同之处。

例句：他们虽然是双胞胎，但性格截然不同，一个安静内向，一个活泼开朗。

108. 竭尽全力（jié jìn quán lì）

竭：用尽。竭尽全力的意思是用尽全部力量。

例句：尽管家庭经济困难，但他还是竭尽全力供儿子念完了大学。

109. 津津有味（jīn jīn yǒu wèi）

津津：兴趣浓厚的样子。津津有味的意思是吃得很有滋味，或者形容兴趣浓厚。

例句：老师给小朋友们讲故事，大家听得津津有味。

110. 经久不息（jīng jiǔ bù xī）

经：历经、经过。息：停止。经久不息的意思是过了很长时间也没有停下来。形容某件事很受欢迎。

例句：虽然这场音乐剧已经谢幕，但台下的掌声仍然经久不息。

111. 惊慌失措（jīng huāng shī cuò）

失措：失去常态。惊慌失措的意思是惊讶慌张到失去了正常的样子。形容非常惊慌。

例句：爷爷突然晕倒了，全家人惊慌失措，陷入混乱。

112. 惊心动魄（jīng xīn dòng pò）

魄：魂魄。惊心动魄的意思是让人非常震惊。原来指文辞优美，意境深远，让人感受很深、震动很大。后来常用来形容紧张震惊到极点。

例句：我至今仍记得那部电影里那些惊心动魄的场景。

113. 兢兢业业（jīng jīng yè yè）

做事情小心谨慎，非常认真勤恳。

例句：他工作兢兢业业，在公司里深受好评。

114. 精打细算（jīng dǎ xì suàn）

打：规划。算：计算。精打细算的意思是精密地计划，详细地计算。指在使用东西时计算得很精细严谨。

例句：他并不富裕，平时生活上都是精打细算，从不浪费东西。

115. 精疲力竭（jīng pí lì jié）

精神非常疲惫，力气也耗尽了。

例句：收拾了一整天家务后，她精疲力竭地躺在了床上。

116. 精益求精（jīng yì qiú jīng）

精：好。益：更加。精益求精的意思是已经很好了，还要求更好。

例句：他将演讲稿修改了一遍又一遍，精益求精。

117. 敬而远之（jìng ér yuǎn zhī）

表面上表示尊敬，实际上不愿意接近。

例句：他虽然学问做得很不错，但是性格有些古怪，许多人都对他敬而远之。

118. 居高临下（jū gāo lín xià）

居：处于，占据。临：面对。居高临下的意思是占据高处，俯视下面。形容占据的地势非常有利。后用来比喻傲视、瞧不起他人。

例句：他是一位好老师，从来不用居高临下的姿态和学生说话。

119. 举世闻名（jǔ shì wén míng）

举世：全世界。举世闻名的意思是全世界都知道，非常有名。

例句：长城是举世闻名的历史遗迹。

120. 举世无双（jǔ shì wú shuāng）

双：两个。举世无双的意思是全世界没有第二个。形容极为罕见。

例句：兵马俑是举世无双的珍贵历史文物。

121. 举世瞩目（jǔ shì zhǔ mù）

瞩目：注视、关注。举世瞩目的意思是全世界都注视着。多用来形容重大事件。

例句：举世瞩目的第29届夏季奥林匹克运动会在北京成功举办。

122. 聚精会神（jù jīng huì shén）

聚、会：集中。聚精会神的意思是精神高度集中，非常专注。

例句：他正在聚精会神地看书，旁边同学的说话声根本没有影响到他。

123. 开天辟地（kāi tiān pì dì）

神话故事中盘古打破孕育自己的混沌，开创出天空和土地。比喻前所未有的事业、成就或者变化。

例句：1978年开始的改革开放是一件开天辟地的大事情。

124. 可乘之机（kě chéng zhī jī）

乘：趁势。机：机会。可乘之机的意思是可以趁势行动（多为不好的行动）的机会。

例句：我们要保护好个人的重要信息，加强信息安全意识，不给犯罪分子可乘之机。

125. 可歌可泣（kě gē kě qì）

歌：歌颂。泣：哭泣。可歌可泣的意思是值得歌颂，也值得流泪。多用来形容悲壮感人的英雄事迹。

例句：他牺牲了自己的生命来保护战友的安全，他的英雄事迹可歌可泣。

126. 可想而知（kě xiǎng ér zhī）

不用说明就能想象得到。

例句：看他驾驶的那辆昂贵的汽车，他的家境就可想而知了。

127. 刻舟求剑（kè zhōu qiú jiàn）

在船上刻下记号来寻找自己失落的剑。比喻做事情或者分析问题的时候，不能根据实际情况的变化而变化。

例句：情况已经改变了，他还在用旧的方法应对新的问题，无异于刻舟求剑。

128. 扣人心弦（kòu rén xīn xián）
扣：敲打。扣人心弦的意思是事物激动人心，能引起内心的强烈共鸣。
例句：这部电影情节扣人心弦，令人难忘。

129. 哭笑不得（kū xiào bù dé）
得：合适、好。哭笑不得的意思是，哭也不合适，笑也不合适。形容非常尴尬的境地。
例句：课堂提问环节中，他的奇怪问题让老师哭笑不得。

130. 夸夸其谈（kuā kuā qí tán）
夸：浮夸。夸夸其谈的意思是发表许多浮夸又空泛的议论。
例句：他没有真才实学，也不踏实工作，只会夸夸其谈。

131. 来龙去脉（lái lóng qù mài）
事情的前因后果。
例句：通过他的详细描述，我终于了解到了整件事的来龙去脉。

132. 理所当然（lǐ suǒ dāng rán）
当然：应该如此。理所当然的意思是按道理应该是这样的，不容怀疑。
例句：他为人民群众做了许多好事，受到尊敬是理所当然的。

133. 理直气壮（lǐ zhí qì zhuàng）
理：理由。直：正确。壮：旺盛。理直气壮的意思是理由充分，因此说话很有气势。
例句：他的观点大多数是荒唐的，我们应该理直气壮地反驳。

134. 力所能及（lì suǒ néng jí）
力：能力。及：达到。力所能及的意思是在自己的能力范围之内能做到某事。
例句：日常生活中，我们可以做一些力所能及的家务事，来减轻父母的负担。

135. 恋恋不舍（liàn liàn bù shě）
恋：留恋、爱慕。舍：舍得。恋恋不舍的意思是非常留恋，舍不得离开。
例句：时间过得真快，旅途结束了，我们恋恋不舍地离开了这座美丽的城市。

136. 寥寥无几（liáo liáo wú jǐ）
寥寥：形容数量少。寥寥无几的意思是数量很少，没有几个。
例句：深夜时分，电影院里的观众寥寥无几。

137. 灵机一动（líng jī yí dòng）
灵机：灵活的心思。灵机一动的意思是突然间转动了念头，一下子想出了办法。
例句：事情陷入困难时，他灵机一动，一下子想出了解决问题的好办法。

138. 乱七八糟（luàn qī bā zāo）
事物或者事情没有条理，非常混乱。
例句：地板上都是穿过的衣服，桌子上放着很多废纸，他的整个房间乱七八糟的。

139. 络绎不绝（luò yì bù jué）
形容人、马、车、船等不断地来来往往。

例句：虽然是午夜时分，但外滩大路上的行人、汽车依旧络绎不绝。

140. 眉开眼笑（méi kāi yǎn xiào）

眉毛舒展开，眼里带着笑意。形容非常高兴愉快。

例句：得知女儿考上研究生的好消息，父母开心得眉开眼笑。

141. 美中不足（měi zhōng bù zú）

事情整体上很好，但还有不足的地方。

例句：花园里的花朵开得都很漂亮，只是角落里的那株花枯萎了，让人感觉美中不足。

142. 门当户对（mén dāng hù duì）

形容男女双方的社会地位、经济条件、文化程度、家庭背景等方面都差不多，在一起非常适合。

例句：男女双方的父母都是从事教育工作的，可以说是门当户对。

143. 面红耳赤（miàn hóng ěr chì）

赤：红色。面红耳赤的意思是因为激动或羞愧，脸和耳朵都变红了。

例句：这对夫妻吵架了几个小时，双方都吵得面红耳赤。

144. 面面俱到（miàn miàn jù dào）

面：方面。俱：全部。面面俱到的意思是各方面都照顾到，非常严谨，没有漏洞。

例句：他是一位细心的人，策划方案写得面面俱到。

145. 面目全非（miàn mù quán fēi）

非：不同。面目全非的意思是模样变得和以前完全不同。形容损毁或者伤害非常严重。

例句：高速公路上发生了严重的车祸，两辆汽车被撞得面目全非。

146. 名副其实（míng fù qí shí）

副：匹配。名副其实的意思是名声或者称谓和实际相符合。

例句：昆明一年四季温暖得和春天一样，"春城"名副其实。

147. 莫名其妙（mò míng qí miào）

莫：不能。名：说出。妙：奥妙。莫名其妙的意思是说不出其中的奥妙。形容事情非常奇怪，难以理解。

例句：我正在看书，妹妹莫名其妙地跑过来拍了我的后背一下。

148. 默默无闻（mò mò wú wén）

没有声息，没有多少人知道，没有什么名声。

例句：他从来不炫耀自己的功绩，一直默默无闻地为大家做好事。

149. 目不转睛（mù bù zhuǎn jīng）

眼睛一动不动地盯着看。形容非常专注。

例句：他被这部电影深深地吸引住了，全程目不转睛地看着荧幕。

150. 目瞪口呆（mù dèng kǒu dāi）

瞪着眼睛，说不出话。形容非常惊讶。

例句：她亲眼看到自己的朋友被一辆汽车撞倒，吓得目瞪口呆。

151. 目中无人（mù zhōng wú rén）
眼里没有其他人。形容非常傲慢无礼。
例句：他取得了一些成绩，就开始到处炫耀，目中无人。

152. 耐人寻味（nài rén xún wèi）
耐：经得起。味：体会。耐人寻味的意思是事物有比较深的意味，值得人细致地去体会、感受。
例句：妈妈给我讲了一个耐人寻味的寓言故事，我受到了深深的启发。

153. 难以置信（nán yǐ zhì xìn）
很难相信。
例句：爷爷留下来的这个陶瓷花瓶，竟然是一件非常珍贵的古董，简直让人难以置信。

154. 恼羞成怒（nǎo xiū chéng nù）
因为气恼和羞愧而生气，多指一些难以启齿的事情被拆穿而发怒。
例句：听到之前的丑事被同事当众说了出来，他恼羞成怒地拍着桌子发脾气。

155. 念念不忘（niàn niàn bú wàng）
念：思念。念念不忘的意思是一直思念着，牢记在心里，没有忘记。
例句：虽然已经毕业多年，但是高中的3年生活一直让我念念不忘。

156. 弄虚作假（nòng xū zuò jiǎ）
制造出虚假的事物或现象来欺骗别人。
例句：这家公司在给产品做广告时弄虚作假，遭到了许多消费者的投诉。

157. 鹏程万里（péng chéng wàn lǐ）
鹏鸟能飞万里路程。比喻前程远大。
例句：每位老师都希望自己的学生能够鹏程万里，拥有光明的前途。

158. 疲惫不堪（pí bèi bù kān）
堪：忍受。疲惫不堪的意思是非常累，已经无法承受。
例句：在工厂里操作了一天机器，他一回到家就疲惫不堪地躺在了床上。

159. 萍水相逢（píng shuǐ xiāng féng）
浮萍随水漂泊，聚散不定。比喻向来不认识的人偶然相遇。
例句：没想到她和这位在火车上萍水相逢的朋友，成了无话不谈的知己。

160. 迫不及待（pò bù jí dài）
迫：紧急。迫不及待的意思是心情急迫得不能等待。
例句：每到春节，在外地工作的人们就迫不及待地返回家乡，和家人团聚。

161. 七嘴八舌（qī zuǐ bā shé）
许多人在说不同的话，十分杂乱。
例句：围观的群众越来越多，七嘴八舌地议论事故的发生经过。

162. 齐心协力（qí xīn xié lì）

齐：整齐。协：一起、共同。齐心协力的意思是众人一起努力。

例句：同学们齐心协力，赢得了这场拔河比赛。

163. 恰如其分（qià rú qí fèn）

恰：恰好。分：本分。恰如其分的意思是说话办事正合分寸。

例句：这份评语恰如其分地评价了她在这个项目中所做的工作。

164. 千变万化（qiān biàn wàn huà）

变化非常多，没有确定的状态。

例句：万花筒里千变万化的图案，让孩子们看得非常入迷。

165. 千方百计（qiān fāng bǎi jì）

方：方法。计：计策、方法。千方百计的意思是想尽或者用尽一切方法计策，来解决问题。

例句：不法分子总是千方百计地诈骗他人钱财，大家一定要提高警惕。

166. 千家万户（qiān jiā wàn hù）

众多人家。

例句：夜晚来临，千家万户亮起了灯。

167. 千军万马（qiān jūn wàn mǎ）

军：军队。马：马匹。千军万马的意思是兵马众多。也形容声势浩大。

例句：将军带领着千军万马与敌人作战。

168. 千钧一发（qiān jūn yī fà）

钧：钧是古代的计量单位。千钧：指很沉重的东西。千钧一发的意思是一千钧重的东西吊在一根头发上。形容情况非常危急。

例句：炸弹即将爆炸，在这千钧一发的危险时刻，他用身体护住了战友。

169. 前赴后继（qián fù hòu jì）

赴：冲上前。继：跟上去。前赴后继的意思是前面的人冲了上去，后面的人也跟了上去。形容不断地投入战斗，奋勇向前。

例句：战士们冒着枪林弹雨，前赴后继地冲向敌军阵地。

170. 前所未有（qián suǒ wèi yǒu）

以前从来没有过或发生过。

例句：这次奥林匹克运动会中，我国代表团取得了前所未有的好成绩。

171. 前无古人（qián wú gǔ rén）

形容以前没有人做过或者做成的事。

例句：我们研发出了一项前无古人的技术。

172. 前仰后合（qián yǎng hòu hé）

身体前后摇晃。形容大笑或困倦得直不起身子的样子。

例句：他讲了一个非常有趣的笑话，我们全都笑得前仰后合。

173. 潜移默化（qián yí mò huà）

潜：暗中。默：不说话，没有声音。潜移默化的意思是人的思想、品性或习惯在不知不觉中受到了影响，发生了变化。
例句：书籍潜移默化地影响着人的思想，长期的阅读后，人的气质也会发生改变。

174. 轻而易举（qīng ér yì jǔ）
事情容易做，不费力气。
例句：翻译这部字数不多的通俗英文小说对她来说轻而易举。

175. 倾家荡产（qīng jiā dàng chǎn）
倾：倒出来。荡：扫除。倾家荡产的意思是家里的全部财产都没有了。
例句：经济大危机爆发后，许多人一夜之间倾家荡产。

176. 情不自禁（qíng bú zì jīn）
禁：控制住。情不自禁的意思是控制不住自己的情感。形容情绪激动、不受控制。
例句：看到地震受灾地区的惨烈景象，他情不自禁地流下了眼泪。

177. 取而代之（qǔ ér dài zhī）
夺取别人的地位，由自己代替。现在也指以某一事物代替另一事物。
例句：自己的总经理职位被人取而代之，他很是懊恼。

178. 全力以赴（quán lì yǐ fù）
赴：前往。全力以赴的意思是把全部的力量都投入进去，用尽全力地做某事。
例句：我们足球队全力以赴，最终赢得了这场激烈的比赛。

179. 全心全意（quán xīn quán yì）
投入全部的精力，毫无保留。
例句：雷锋全心全意地为人民服务，他的事迹值得无数人学习。

180. 任人宰割（rèn rén zǎi gē）
任凭别人欺负、伤害，没有反抗的能力。
例句：19世纪末中国的国力非常弱，只能任人宰割。

181. 日复一日（rì fù yí rì）
复：重复。日复一日的意思是过了一天又一天。形容时间长。
例句：他日复一日地磨炼微雕技艺，他的作品终于获得了巨大的成功。

182. 日新月异（rì xīn yuè yì）
新：更新。异：不同。日新月异的意思是每天、每个月都有新的不同。形容进步、发展得很快，不断地出现新事物。
例句：现代科技日新月异，为人们带来了极大的便利。

183. 容光焕发（róng guāng huàn fā）
容：容颜。焕发：光芒四射的样子。容光焕发的意思是脸上散发出光彩。形容身体健康、精神饱满。
例句：你昨天肯定休息得不错吧，整个人看起来容光焕发。

184. 如愿以偿（rú yuàn yǐ cháng）
愿：愿望。偿：实现、满足。如愿以偿的

意思是按所希望的那样得到满足，指愿望实现。

例句：他终于如愿以偿地考入了心仪的大学。

185. 如痴如醉（rú chī rú zuì）

痴：痴迷。醉：酒醉。如痴如醉的意思是神态失常、失去控制。多用来形容欣赏艺术作品时痴迷、忘我的精神状态。

例句：这本小说的情节十分曲折，人物生动形象，我读得如痴如醉。

186. 三番五次（sān fān wǔ cì）

番：次数。三番五次的意思是一再、很多次。

例句：这几天他三番五次地给我打电话抱怨工作中的烦心事。

187. 身不由己（shēn bù yóu jǐ）

身体不由自己做主，行为不能由自己独立支配。

例句：他做了自己不喜欢的工作，经常感到身不由己。

188. 深入人心（shēn rù rén xīn）

深深地进入人们的心里，一般指理论、观点、政策等被人们深切地了解和信服。

例句："生产力决定生产关系"这一观念已经深入人心。

189. 盛气凌人（shèng qì líng rén）

凌：欺负。盛气凌人的意思是用强势高傲的气势欺负别人。形容傲慢自大，气势逼人。

例句：他是个很傲慢的人，经常盛气凌人地斥责别人。

190. 实事求是（shí shì qiú shì）

从实际情况出发，正确地对待和处理问题。

例句：作为部门领导，你评定员工的业绩时必须实事求是，不能带有主观的偏见。

191. 史无前例（shǐ wú qián lì）

史：历史。例：例子。史无前例的意思是历史上从来没有的事，指以前没发生过。

例句：这次地震造成的伤亡人数是史无前例的。

192. 势不可当（shì bù kě dāng）

当：抵挡、抵抗。势不可当的意思是来势凶猛，无法抵挡。

例句：泥石流势不可当地沿着山坡流下，毁掉了许多房屋。

193. 守株待兔（shǒu zhū dài tù）

守：守候。株：树桩。待：等待。守在树桩旁边等着撞死的野兔。多用来比喻不主动努力，而是心存侥幸，希望得到意外收获。有时也可比喻死守狭隘的经验，不知变通。或者比喻在某个地点等着其他人前来，这时候一般需要加引号。

例句：我们要努力向外开拓资源，而不是守株待兔，等待顾客自己上门。

194. 水落石出（shuǐ luò shí chū）

水面下降后，水底的石头出现了。指事情的真相完全显露出来。

例句：经过警察们的仔细调查，这起盗窃案的真相终于水落石出。

195. 水涨船高（shuǐ zhǎng chuán gāo）
水面上涨，船也升高。比喻事物随着其所凭借的基础提高而提高。
例句：全国的经济发展状况变好了，人民的生活水平也水涨船高。

196. 顺理成章（shùn lǐ chéng zhāng）
顺：顺着。理：条理。章：章法。顺理成章的意思是写文章、做事情顺着条理就能做好。也指某种情况合乎情理，自然产生某种结果。
例句：他这篇文章文笔优美，思想深刻，获得征文比赛大奖顺理成章。

197. 顺其自然（shùn qí zì rán）
顺：顺应。顺其自然的意思是顺应事物的自然发展，不做人为干涉。
例句：之前她为了当上主管，拼尽了全力，现在想通了，打算顺其自然。

198. 司空见惯（sī kōng jiàn guàn）
司空见惯的意思是事情或事物很常见，不会让人感到奇怪。
例句：这片地区一到夏天就会有很多萤火虫，村民们已经司空见惯了。

199. 思前想后（sī qián xiǎng hòu）
形容前前后后地反复思考。
例句：他思前想后，考虑了各种因素，最终选择继续完成学业。

200. 死心塌地（sǐ xīn tā dì）
形容主意已定，决不做其他的打算。
例句：尽管家人们都反对，但她仍死心塌地嫁给了那个男人。

201. 四面八方（sì miàn bā fāng）
各个方面或各个地方。
例句：人们从四面八方奔向广场，参加节日庆典活动。

202. 似曾相识（sì céng xiāng shí）
似：似乎、好像。曾：曾经。似曾相识的意思是似乎曾经认识，见过的事物再次出现，或者形容一种强烈的熟悉感。
例句：他正在公园里散步，突然看到前面有个似曾相识的姑娘。

203. 似是而非（sì shì ér fēi）
似乎是正确的，实际上是错误的。
例句：这些道理似是而非，实际根本禁不起仔细推敲。

204. 随心所欲（suí xīn suǒ yù）
随：跟随。欲：想要。随心所欲的意思是随着自己的心意或想法，想做什么就做什么。
例句：学生上课时要遵守课堂纪律，不可以随心所欲地讲话。

205. 损人利己（sǔn rén lì jǐ）
通过损害别人的利益来满足自己的利益。

例句：偷窃钱财是损人利己的违法犯罪行为，应当受到法律的惩罚。

206. 所作所为（suǒ zuò suǒ wéi）

人做的事情，多用在贬义的语境中。

例句：他管理公司3个月以来，所作所为让很多员工都非常不满。

207. 滔滔不绝（tāo tāo bù jué）

滔滔：形容水不停地流。滔滔不绝的意思是水流不间断。形容说的话很多，而且不停地在说。

例句：她回到家里，滔滔不绝地向父母讲述了一路上的各种见闻。

208. 讨价还价（tǎo jià huán jià）

讨：索取。讨价还价的意思是买卖东西时，卖主要的价格高，买主给出的价格低，双方反复商议价格。也比喻在进行谈判时反复争议或讲条件。

例句：顾客和店主来回讨价还价，最后还是没做成这笔生意。

209. 提心吊胆（tí xīn diào dǎn）

提着心脏，悬吊着胆。形容非常惊恐、紧张、小心的样子。

例句：会议室里几位领导正商量怎样处理这起事故，他在门外提心吊胆地等着最终结果。

210. 天长地久（tiān cháng dì jiǔ）

像天和地那样存在很长时间。形容时间悠久，也形容永远不会变。

例句：希望我们的友谊可以天长地久。

211. 天经地义（tiān jīng dì yì）

经：规范；义：正义。天经地义的意思是天地间绝对正确、不容改变的道理。

例句：损害了他人的正当权益要受到惩罚，这是天经地义的。

212. 同舟共济（tóng zhōu gòng jì）

舟：船。济：渡，过河。同舟共济的意思是坐同一条船，共同渡河。比喻团结互助，同心协力，战胜困难。

例句：公司面临危机时，全体员工应该同舟共济，团结一致，绝不能内部生乱。

213. 头头是道（tóu tóu shì dào）

说话、做事很有条理。

例句：他只能将理论讲得头头是道，但是根本没有办法实践。

214. 突如其来（tū rú qí lái）

出乎意料地突然发生，多指不好的事情突然发生。

例句：父亲在车祸中不幸离世，面对这突如其来的噩耗，他的头脑里一片空白。

215. 土生土长（tǔ shēng tǔ zhǎng）

在当地出生、长大。

例句：他是土生土长的广州人，粤语说得非常流利。

216. 脱口而出（tuō kǒu'ér chū）
脱：脱离。脱口而出的意思是话不经思考就说了出来。形容说话不慎重，也形容才思敏捷。

例句：李白是非常难得的天才诗人，他有时候作诗，精妙的诗句不假思索，脱口而出。

217. 脱颖而出（tuō yǐng ér chū）
脱：脱离。颖：锥子尖的部分。出：显露。脱颖而出的意思是锥尖透过布袋显露出来。比喻得到机会使本领全部显露出来，从而受到重视。

例句：初赛表现一般的他，居然在决赛中脱颖而出，赢得了冠军。

218. 万古长青（wàn gǔ cháng qīng）
永远像春天的草木一样青翠茂盛。形容崇高的精神、伟大的事业等永远存在。

例句：虽然这些英雄已经离开了人世，但他们的精神万古长青。

219. 万无一失（wàn wú yì shī）
失：失误。万无一失的意思是非常有把握，绝不会出差错。

例句：这次任务非常重要，必须做好万无一失的准备。

220. 亡羊补牢（wáng yáng bǔ láo）
亡：丢失。牢：关牲口的圈栏。亡羊补牢的意思是羊丢失后修补羊圈。比喻出了问题以后及时采取措施补救，避免再受到损失。

例句：这次考试失利，如果能找出原因、吸取教训，那么就能亡羊补牢，在下次考试中取得好成绩。

221. 微不足道（wēi bù zú dào）
微：小。足：值得。道：说出。微不足道的意思是事情的意义、价值等很小，不值得说出来。

例句：把精力过多地放在微不足道的小事上的人，往往不会获得成功。

222. 无恶不作（wú è bú zuò）
没有恶事不做，做尽了坏事。

例句：侵略者在这座城市里杀人放火，无恶不作。

223. 无关紧要（wú guān jǐn yào）
不重要，不会影响大局。

例句：这种无关紧要的事情没必要花费很多时间去讨论。

224. 无济于事（wú jì yú shì）
济：补益，帮助。无济于事的意思是对事情没有什么帮助或益处，不解决问题。

例句：所有的药物治疗对他现在的病情来说已经无济于事了。

225. 无精打采（wú jīng dǎ cǎi）
没有精神，不振作。

例句：输掉比赛后，一连好几天他都无精打采的。

226. 无可厚非（wú kě hòu fēi）

没有可过分责难的。指说话做事虽有缺点，但可以给予谅解。

例句：她第一次使用高压锅，把米饭煮糊了，这也无可厚非。

227. 无能为力（wú néng wéi lì）

用不上力量，帮不上忙。指没有能力或力不能及。

例句：这位病人的病情急剧恶化，医生们也无能为力。

228. 无所事事（wú suǒ shì shì）

事事：前一"事"为动词，做；后一"事"为名词，事情。无所事事的意思是什么事都不做。

例句：他辞去工作3个多月了，每天待在家里，无所事事。

229. 五花八门（wǔ huā bā mén）

事物的种类、花样繁多，或变化很多。

例句：百货商店里的玩具五花八门，吸引了许多孩子的注意。

230. 息息相关（xī xī xiāng guān）

息：鼻息。息息相关的意思是呼吸也相互关联。形容彼此的关系非常密切。

例句：身体素质和睡眠质量息息相关。

231. 熙熙攘攘（xī xī rǎng rǎng）

人来人往，非常热闹。

例句：假期第一天，南京路上的行人熙熙攘攘。

232. 喜出望外（xǐ chū wàng wài）

望：希望，意料。喜出望外的意思是由于遇到没有想到的好事而非常高兴。

例句：学术交流会议上，我得到了教授的称赞，这让我喜出望外。

233. 喜怒哀乐（xǐ nù āi lè）

高兴、愤怒、悲哀和快乐这4种感情。泛指人的各种不同的感情。

例句：他是一个直爽外向的人，喜怒哀乐很容易在神情上表露出来。

234. 显而易见（xiǎn ér yì jiàn）

事情或道理很明显，极容易看清。

例句：这个道理显而易见，谁都能明白。

235. 相辅相成（xiāng fǔ xiāng chéng）

辅：辅助。相辅相成的意思是指两件事物互相补充，互相配合，互相辅助。

例句：对于一个大学教师而言，教学工作与科研工作是相辅相成的。

236. 相提并论（xiāng tí bìng lùn）

把不同的人或事物不加区别地来谈论或者看待。

例句：他们两人的能力差别太大，无法相提并论。

237. 相依为命（xiāng yī wéi mìng）

互相依靠着维持生活。

例句：父母意外离世后，她和奶奶两人相依为命，家里的生活很窘迫。

238. 想方设法（xiǎng fāng shè fǎ）
思考各种办法。
例句：他们正想方设法地抢救困在矿井中的矿工。

239. 小心翼翼（xiǎo xīn yì yì）
翼翼：严肃谨慎。小心翼翼的意思是谨慎小心，一点不敢疏忽。
例句：这台精密仪器非常昂贵，同学们使用时都小心翼翼。

240. 心安理得（xīn ān lǐ dé）
得：适合。心安理得的意思是自信事情做得合理，心里很坦然。
例句：想到自己也出了力，居民们送来礼物时他就心安理得地去拿了。

241. 心急如焚（xīn jí rú fén）
焚：焚烧。心急如焚的意思是心里着急得像是有火在燃烧。形容非常着急焦虑。
例句：孩子走丢了，找了好几个小时还没找到，妈妈心急如焚。

242. 心灵手巧（xīn líng shǒu qiǎo）
心思灵敏，手艺巧妙。
例句：姐姐心灵手巧，绣出的花鸟像真的一样。

243. 心想事成（xīn xiǎng shì chéng）
心里想到的，都能成功。多用于祝福语。
例句：祝你在新的一年里万事如意，心想事成。

244. 欣欣向荣（xīn xīn xiàng róng）
欣欣：形容草木生长旺盛。荣：茂盛。欣欣向荣的意思是草木长得茂盛。比喻事业蓬勃发展，兴旺昌盛。
例句：这座新兴的城市，到处呈现出一派欣欣向荣的景象。

245. 新陈代谢（xīn chén dài xiè）
陈：陈旧的。代：替换。谢：凋谢，衰亡。新陈代谢指生物体内新物质代替旧物质的过程。也指新事物不断产生发展，代替旧事物。
例句：最新的研究表明，这种物质有利于促进身体的新陈代谢。

246. 形形色色（xíng xíng sè sè）
各式各样，种类很多。
例句：我国56个民族的服饰，形形色色，各有特点。

247. 形影不离（xíng yǐng bù lí）
像形体和它的影子那样分不开。形容彼此关系亲密，经常在一起。
例句：她们两人是很亲密的朋友，总是形影不离。

248. 兴高采烈（xìng gāo cǎi liè）
兴：兴致。采：神采、精神。烈：热烈。兴高采烈的意思是形容兴致高，精神饱满。
例句：游客们登上山顶观看到了日出，每个人都兴高采烈。

249. 胸有成竹（xiōng yǒu chéng zhú）

画竹子之前，心中已经有了完整的竹子形象。比喻对事情很有把握，准备充分。

例句：因为准备充分，他在比赛中胸有成竹。

250. 袖手旁观（xiù shǒu páng guān）

把手笼在袖子里，在一旁观看。比喻置身事外，既不过问，也不协助别人。

例句：面对歹徒对他人行凶，我们绝不能袖手旁观。

251. 雪上加霜（xuě shàng jiā shuāng）

在雪上还加上了一层霜。比喻接连遭受灾难，损害愈加严重。

例句：哥哥才遭遇车祸，现在父亲又得了重病，对他来说真是雪上加霜。

252. 循序渐进（xún xù jiàn jìn）

按一定的顺序、步骤逐渐进步。

例句：学习知识要循序渐进，不能不切实际地盲目追求速度。

253. 鸦雀无声（yā què wú shēng）

连乌鸦麻雀的声音都没有。形容非常安静。

例句：上课铃声响过以后，原本吵闹的教室里瞬间鸦雀无声。

254. 摇摇欲坠（yáo yáo yù zhuì）

摇摇：摇动、摇晃。坠：落下。摇摇欲坠的意思是十分危险，很快就要掉下来，或不稳固，很快就要垮台。

例句：为了安全起见，这座摇摇欲坠的吊桥已经禁止通行。

255. 夜以继日（yè yǐ jì rì）

晚上连着白天。形容工作或学习十分努力。

例句：为了提前完成任务，工人们都在夜以继日地工作着。

256. 依依不舍（yī yī bù shě）

依依：依恋的样子。舍：放弃。形容舍不得离开。

例句：毕业时，我们依依不舍地离开了学校。

257. 一概而论（yī gài ér lùn）

一概：使用同一标准，一律。一概而论指处理事情或问题时，不加区别，用同一标准来对待或处理。

例句：我们对问题要作具体的分析，绝对不能一概而论。

258. 一技之长（yī jì zhī cháng）

在某一特定方面（如某种手工业）有专门的技能、特长。

例句：别轻看这一门手艺，学会了就能拥有一技之长。

259. 一目了然（yí mù liǎo rán）

一眼就看得很清楚。形容事物、事情原委很清晰，一看就知道是怎么回事。

例句：这家超市的货物排列得井井有条，让顾客一进门就一目了然，很快就能找到想要买的东西。

260. 一事无成（yí shì wú chéng）

一件事情也没有做成。指什么事情都做不成，毫无成就。

例句：几个兄弟中，唯独他不思进取，才会落得今日一事无成的结果。

261. 怡然自得（yí rán zì dé）

怡然：安适愉快的样子。形容高兴而满足的样子。

例句：爷爷悠闲地品着香茶，怡然自得。

262. 以身作则（yǐ shēn zuò zé）

则：准则，榜样。以身作则的意思是以自己的行动做出榜样。

例句：父母教育子女应该以身作则，为子女树立好榜样。

263. 一成不变（yìchéng bù biàn）

成：形成。一成不变的意思是一旦形成，就不再改变。

例句：他厌倦了一成不变的生活，渴望到别的地方闯闯。

264. 一筹莫展（yì chóu mò zhǎn）

筹：筹划、计谋。展：施展。一筹莫展的意思是想不出任何计划或方法。

例句：这个问题很复杂，真叫人一筹莫展。

265. 一帆风顺（yì fān fēng shùn）

船挂着满帆顺风行驶。比喻非常顺利，没有任何阻碍。

例句：前进的道路上，总会遇到各种困难，不会总是一帆风顺。

266. 一鼓作气（yì gǔ zuò qì）

一鼓：第一次击鼓。一鼓作气的意思是第一次击鼓的时候士兵们的士气最振奋。形容趁着劲头最大的时候，一下子把事情做好。

例句：我们一鼓作气，一天之内就把此次会议的准备工作全部做完了。

267. 一举一动（yì jǔ yī dòng）

人的每一个动作。

例句：足球比赛场上的对抗十分精彩，选手们的一举一动都让人紧张。

268. 一毛不拔（yì máo bù bá）

连一根汗毛也不肯拔出来。形容为人非常吝啬自私。

例句：他虽然很富有，但一毛不拔，从不为慈善活动捐款捐物。

269. 一如既往（yì rú jì wǎng）

态度或做法没有任何变化，还是像从前一样。

例句：她虽然病好后身体不比从前，但仍然一如既往地热心参加小区公益活动。

270. 一无所有（yì wú suǒ yǒu）

什么都没有。

例句：他家很穷，几乎一无所有。

271. 一无所知（yì wú suǒ zhī）

什么都不知道。

例句：关于你和他之间的矛盾，我真的一无所知。

272. 一心一意（yì xīn yí yì）
做事专心，一门心思只做一件事。
例句：她一心一意地工作，丝毫不理会别人的闲言碎语。

273. 一言不发（yì yán bù fā）
发：发表、发出。一言不发的意思是一句话也不说。
例句：大家讨论时，他全程在看手里的书，一言不发。

274. 一言一行（yì yán yì xíng）
每句话，每个行动。
例句：父母的一言一行都会对孩子产生影响。

275. 一应俱全（yì yīng jù quán）
一应：一切。俱：都。一应俱全的意思是很齐全，应该有的都有。
例句：这家商店出售的各种学习用品，可以说一应俱全。

276. 异口同声（yì kǒu tóng shēng）
不同的嘴说出相同的话。指大家说同样的话。
例句：妈妈问姐妹两人周末是否想去郊外野餐，她们异口同声地说："当然想。"

277. 异想天开（yì xiǎng tiān kāi）
想法很不切实际，非常奇怪。
例句：你别异想天开了，人怎能像孙悟空那样有七十二般变化呢？

278. 抑扬顿挫（yì yáng dùn cuò）
声音高低起伏和停顿转折。多用于形容好听的声音。
例句：那位播音员朗诵诗词的时候声音抑扬顿挫，非常好听。

279. 因人而异（yīn rén ér yì）
因为每个人的情况不同，而产生各种差异。
例句：有人喜欢吃榴莲，有人不喜欢吃，口味是因人而异的。

280. 引经据典（yǐn jīng jù diǎn）
引用经典书籍中的语句或故事作为论证的依据。
例句：他在文章中引经据典，有力地证明了自己的观点。

281. 引人入胜（yǐn rén rù shèng）
胜：胜境。引人入胜的意思是引人进入佳境，多用来指风景或文艺作品特别吸引人。
例句：这篇小说情节曲折，人物生动，引人入胜。

282. 引人注目（yǐn rén zhù mù）
吸引人们注意。
例句：展览会上，那艘宇宙飞船的模型特别引人注目。

283. 应有尽有（yīng yǒu jìn yǒu）
该有的全都有。形容很齐全。

例句：百货大楼的商品种类繁多，应有尽有。

284. 勇往直前（yǒng wǎng zhí qián）
勇敢地一直向前进。
例句：在学习的道路上，我们要不怕困难，勇往直前。

285. 犹豫不决（yóu yù bú jué）
犹豫：迟疑。犹豫不决的意思是拿不定主意。
例句：小明做事总是犹豫不决，等他做好决定的时候，机会已经没有了。

286. 有的放矢（yǒu dì fàng shǐ）
的：箭靶子。矢：箭。有的放矢的意思是放箭要对准靶子。比喻说话做事有针对性。
例句：王老师讲课，总能抓住重点，有的放矢，深受同学们的欢迎。

287. 有口无心（yǒu kǒu wú xīn）
嘴上说了，心里可没那样想。指不是有心说的。
例句：那是她在气头上说的话，有口无心，不必和她计较。

288. 有声有色（yǒu shēng yǒu sè）
形容说话或表演精彩生动。
例句：小刚的故事讲得有声有色，赢得同学们的阵阵掌声。

289. 有朝一日（yǒu zhāo yí rì）
将来有那么一天。
例句：我希望通过自己的努力，有朝一日成为一个优秀的作家。

290. 愚公移山（yú gōng yí shān）
比喻有坚定不移的精神和毅力，虽然知道困难很多，但是仍然迎着困难继续前进。
例句：他们以愚公移山的精神改造这里的盐碱地，让土地重新焕发了生机。

291. 与日俱增（yǔ rì jù zēng）
与：跟，和。与日俱增的意思是随着时间一天天地增长。形容不断增长。
例句：这么多天过去了，我对妈妈的思念并没有减少，反而与日俱增。

292. 与众不同（yǔ zhòng bù tóng）
跟大家不一样。
例句：由于长相与众不同，丑小鸭常常受到其他同伴的捉弄。

293. 源源不断（yuán yuán bú duàn）
源源：水流不断的样子，接连不断。
例句：地震灾区源源不断地收到全国各地支援的物资。

294. 约定俗成（yuē dìng sú chéng）
指事物的名称或社会习惯往往是由人们经过长期社会实践而确定或形成的。
例句：尊老爱幼是约定俗成的行为规范。

295. 杂乱无章（zá luàn wú zhāng）
章：条理。杂乱无章的意思是乱七八糟，没有条理。

例句：那些书杂乱无章地堆放在桌子上。

296. 赞不绝口（zàn bù jué kǒu）
不住口地称赞。
例句：他的歌声充满力量，让人赞不绝口。

297. 赞叹不已（zàn tàn bù yǐ）
已：止，完。赞叹不已的意思是连声赞赏不止。
例句：看到他写的书法作品，大家都赞叹不已。

298. 斩草除根（zhǎn cǎo chú gēn）
除草时要连根除掉，使草不能再长。比喻除去祸根，以免后患。
例句：为了社会的安定，对于犯罪团伙必须斩草除根，彻底瓦解。

299. 张灯结彩（zhāng dēng jié cǎi）
挂上灯笼，系上彩带。形容场面喜庆、热闹。
例句：在这个盛大的节日里，处处张灯结彩，热闹非凡。

300. 朝气蓬勃（zhāo qì péng bó）
朝气：早上的空气，引申为新生向上、努力进取的气象。蓬勃：旺盛的样子。形容充满了生气和活力。
例句：青年人富有理想，朝气蓬勃，是祖国的未来。

301. 朝三暮四（zhāo sān mù sì）
比喻做决定、做选择或者做事情的时候，立场不坚定，反复无常。
例句：一会儿想学英语，一会儿想学日语，这样朝三暮四，很可能一门外语都学不好。

302. 朝夕相处（zhāo xī xiāng chǔ）
从早到晚都在一起。形容常生活在一起，关系密切。
例句：他们朝夕相处，情谊深厚，就像亲兄弟一样。

303. 针锋相对（zhēn fēng xiāng duì）
针锋：针尖。针锋相对的意思是针尖对针尖。比喻双方在策略、论点及行动方式等方面尖锐对立。
例句：辩论双方针锋相对，互不相让。

304. 争分夺秒（zhēng fēn duó miǎo）
不放过一分一秒。形容对时间抓得很紧。
例句：高三的学生在争分夺秒地准备大学入学考试。

305. 争先恐后（zhēng xiān kǒng hòu）
抢着向前，唯恐落后。
例句：那位电影明星一出现，记者们就争先恐后地提出各种问题。

306. 指手画脚（zhǐ shǒu huà jiǎo）
说话时做出各种动作。形容轻率地指点、批评。
例句：如果不了解情况，请不要在一旁指手画脚，乱发议论。

307. 众所周知（zhòng suǒ zhōu zhī）
大家普遍知道的。

例句：众所周知，珠穆朗玛峰是世界第一高峰。

308. 众志成城（zhòng zhì chéng chéng）
万众一心，像坚固的城墙一样不可摧毁。比喻团结一致，力量无比强大。
例句：面对洪水的侵袭，人们必须众志成城，携手共渡难关。

309. 自力更生（zì lì gēng shēng）
不依赖外力，靠自己的力量把事情办好。
例句：每个人都要学会自力更生，不能过度依赖他人。

310. 自强不息（zì qiáng bù xī）
自强：自己努力向上。息：停止。自强不息的意思是自己努力向上，永不松懈。
例句：他虽然身有残疾，但一直自强不息，还创办了自己的工厂。

311. 自然而然（zì rán ér rán）
没有外力干预而自然如此。
例句：一说起著名的功夫明星，很多人自然而然会想到他的名字。

312. 自始至终（zì shǐ zhì zhōng）
从开始到结束。
例句：我自始至终都支持这支球队，他们的每一场比赛我都会关注。

313. 自相矛盾（zì xiàng máo dùn）
矛：长矛，进攻用的武器。盾：盾牌，防御用的武器。比喻言语或者行为前后不一致。
例句：他上午说他不吃鸡肉，但是中午就吃了好几个鸡腿，真是自相矛盾。

314. 自私自利（zì sī zì lì）
私心很重，只为个人利益打算。
例句：他是个自私自利的人，从不会为别人着想。

315. 自以为是（zì yǐ wéi shì）
是：对。自以为是的意思是认为自己的看法和做法都是正确的。
例句：他总是自以为是，认为别人都没他聪明。

316. 自由自在（zì yóu zì zài）
形容没有约束，十分安闲随意。
例句：小鸟在天空中自由自在地飞翔。

317. 总而言之（zǒng ér yán zhī）
总的说起来。
例句：以上说了那么多，总而言之就是一句话：努力学习，做更好的自己。

318. 纵横交错（zòng héng jiāo cuò）
横的竖的交叉在一起。也形容情况复杂。
例句：这里的公路纵横交错，让人很容易迷路。

319. 走投无路（zǒu tóu wú lù）
投：投奔。走投无路的意思是无路可走，已到绝境。比喻处境极困难，找不到出路。

例句：他失去工作后生了重病，还欠了很多钱，现在已经走投无路了。

320. 足智多谋（zú zhì duō móu）

足：充实，足够。智：聪明、智慧。谋：计谋。足智多谋的意思是富有智慧，善于谋划。形容人善于料事和用计。

例句：他足智多谋，只要让他给我们安排比赛的战术，我们一定能获胜。

321. 罪魁祸首（zuì kuí huò shǒu）

魁：为首的。罪魁祸首的意思是作恶犯罪的首要分子。

例句：这场空难事故的罪魁祸首竟然是一只在机场上空飞翔的鸽子。

322. 左顾右盼（zuǒ gù yòu pàn）

顾、盼：看。左顾右盼的意思是向左右两边看。

例句：登山时，不要左顾右盼，要留神脚下的路。